ボールを飛ばすのは「右手」です。
右手のパワーを
マックスに引き出すには
左足の踏ん張りが
必要なのです。

アマチュアの方は
ストレートボールを求め過ぎです。
ボールは右か左の弾道のどちらかです。
その弾道を決めるのは
「スタンスの向き」ではなく
「肩のライン」なのです。
正しい弾道を手にするにも
「順番」があるのです。

フォロースルーの位置に
ヘッドを出して
そこから逆にバックスイングから
トップまで戻していくと
「正しいバックスイングの形」が
身につきます。

アプローチにも
覚える「順番」があります。
手先だけで打っているうちは
上手くなれないのです。

ゴルフには上手《うま》くなる「順番」がある

賞金王直伝！“シングル”へのステップ77

藤田寛之

KKベストセラーズ

まえがき

２０１２年に賞金王になったことで、一躍「アラフォーの星」と崇《あが》められ、注目を浴びるようになりました。本人としては、少々戸惑っているというのが本心です。確かに、40歳を過ぎてから10勝も挙げたことで、テレビ、雑誌、そしてレッスン書などから、たくさんの取材を受けるようになりました。

大男ぞろいのツアーの中で、私のような小柄（身長１６８センチ）な「ベテラン」と呼ばれるようになった世代の選手が、大きなタイトルを獲ったことで、とくに中高年のアマチュアゴルファーの方々から、「ゴルフ上達の秘訣を教えてほしい」という声をたくさんいただきました。若いパワーヒッターたちと戦う私のプレースタイルに、同世代のゴルファーたちが共感しているのでしょう。

なぜ、40歳を過ぎてから、急に勝つようになったのか？

これまで同じような質問を数え切れないほど尋ねられましたが、正直どう答えようか困惑しています。というのも、私自身、その理由がわからないからです。

もちろん、若いときと比較すると、パワーもスピードも衰えているのも事実ですから、それを克服するためにも、筋力トレーニングの時間を増やしたりしていますが、それは私に限らず、プロゴルファーであれば、誰でもやっていることです。

ただ、**ゴルフは「ミスをいかに少なく抑えるか」というスポーツ**でもあります。プロ生活も20年を過ぎましたので、多くの失敗から学んだことも肥やしになっています。

また、賞金王になったことで、海外のメジャー競技に招待される機会が増え、目標設定も高くなり、さらにスキルアップしなくてはという気持ちも強くなりました。そのおかげか、ゴルフ用具の進化もありますが、ドライバーの飛距離も若いときよりも〝20ヤード〟以上も伸びています。この道具の恩恵は、アマチュアのとくに中高年ゴルファーも受けられていることでしょう。ただし、正しい効率的なスイングができてこそ、最新クラブやボールの威力を最大限に引き出せるのです。

何年やっても「100を切れない」というゴルファーのほとんどが、自己流のスイングでプレーしているはずです。毎週200~300球打っているというゴルファーも少なくないでしょうが、ただ漠然とボールを打ち続けていても、なかなか上達しないはずです。

本書は「正しいスイングを身につける技術書」として、あるいは「スコアアップのための実践テクニックのレッスン書」として、執筆してみました。

私はツアープロですので、皆さんが普段接しているレッスンプロとは全く違う理論やレッスンもあるかと思います。ツアープロというのは、常に上昇志向があるため、新しい技術を取り入れているからです。

また、ゴルフファンならご存知の通り、私のスイングは個性的と言われています。読者の皆さんがそのまま真似することはできないと思いますが、私がこれまで経験してきた基本やラウンド術は、アマチュアゴルファーにも大いに役立つはずです。

ゴルファーの上達するスピードは人それぞれです。ジュニアゴルファーのように一気にスコアアップするタイプもいますが、地道な練習を積み重ねて、コツコツと成長していくタイプが大半なのです。

とくに中高年ともなれば、いきなり10打も20打も縮めることは不可能でしょう。本書は飛んで正確なドライバーショットから、確実にカップインさせるパッティング、実戦でのコースマネジメントなどをできるだけ解りやすく解説したつもりです。

ゴルフの上達に「近道」はありません。
ただし、上達するための「順番」はあります。

いきなりドライバーを振り回す前に、やっておかなければならないことがたくさんあります。この「順番」を守れば、練習する度に、ラウンドする度に確実にレベルアップ&スコアアップするはずです。プロゴルファーも、シングルを目指している人も、100切りを目標にしている人も、上達へのステップは同じなのです

本文の写真は、試合(トーナメント)前日の「練習ラウンド」風景を使用しております。私の練習においても大切な「基本」や「順番」が守られていることがよくわかると思います。

中高年だけでなく、これからゴルフを始めようというビギナー、あるいは女性ゴルファーにもぜひ読んでいただきたいと存じます。本書を手にとってくれた皆さんのゴルフに、微力でもお力になれれば幸甚です。

藤田寛之

ゴルフには上手くなる『順番』がある

Contents

レベル3

〝フェアウェイウッド&アイアン〟にも覚える「順番」がある

レベル4

“ショートゲーム”にも覚える「順番」がある

レベル5
“実践”においても覚える「順番」がある

※本文の写真は、試合前日の「練習ラウンド」のものです。

序　章

私が「賞金王」になれた理由

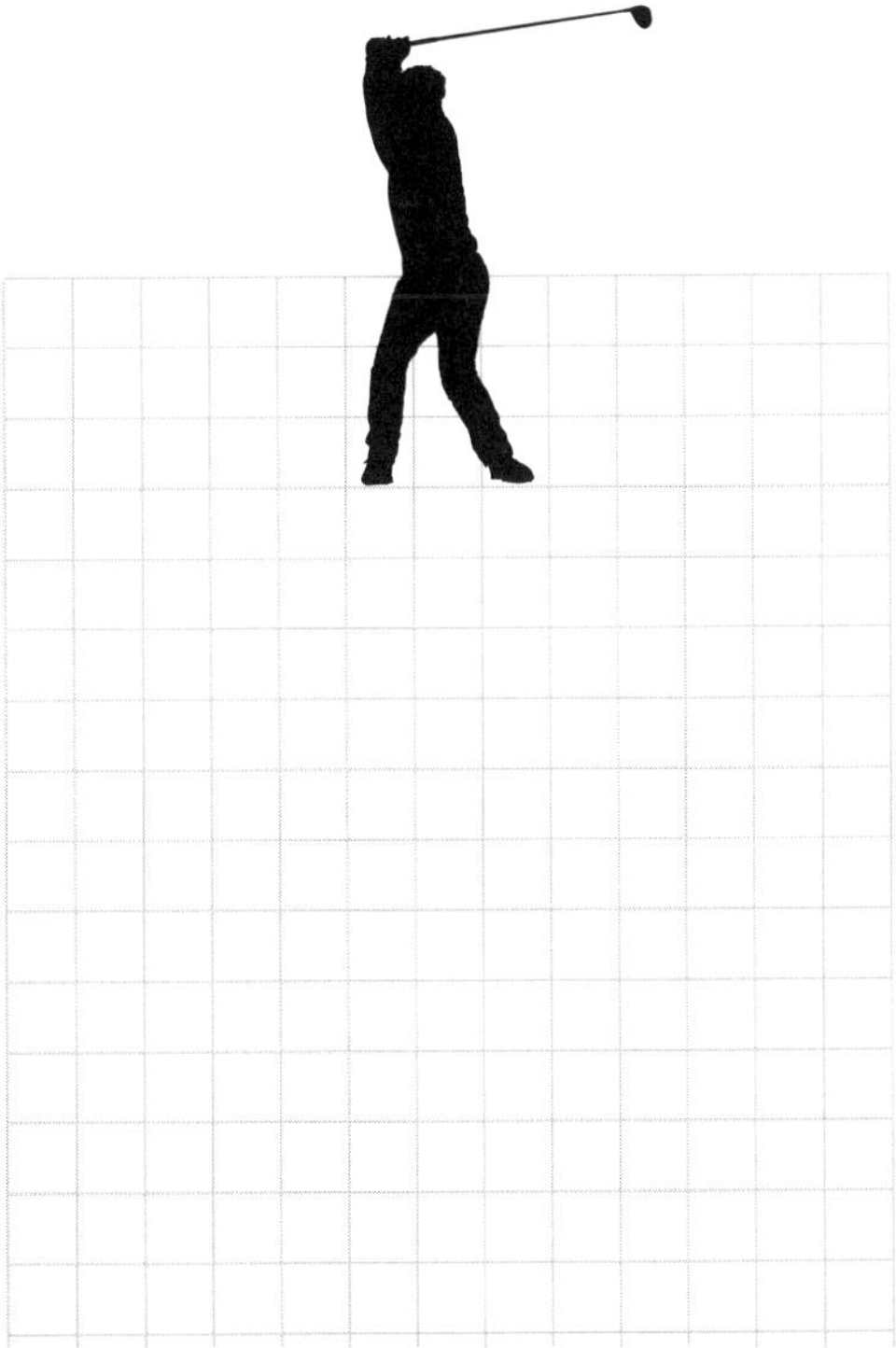

私のゴルフの原点

私が初めてクラブを握ったのは中学3年のときでした。地元福岡で、父親の友人が練習場で支配人を務めていたことが、ゴルフを始めるきっかけだったのです。もし、彼がいなかったら、プロゴルファー・藤田寛之は存在していなかったかもしれません。この練習場で思う存分ボールを打ち続けたことが、私のゴルフの原点であることは間違いありません。

その後、専修大学のゴルフ部に進んでからも、ゴルフの情熱は変わらず、プロゴルファーを目指す決意をしました。とはいっても、同年代には丸山茂樹《まるやましげき》などのスターがいて、大学時代の私は、それほど目立った成績は収めていない選手でした。

丸山プロに言わせると「当時はノーマークのプレーヤー」とのことです。余談ですが、私は長い間「ビッケ」というあだ名で呼ばれていますが、名付け親はマルちゃんなんです。

プロを目指すため、大学を一時辞め、研修生になりましたが、所属している葛城GCの当時のヘッドプロであり、大学の先輩でもある寺下郁夫《てらしたいくお》プロに、大学の卒業を促され復学しました。

寺下プロは静岡県出身で、数多くの女子プロを育て上げました。その数は数十人にも及ぶゴルフ界の名伯楽として知られています。

その寺下プロを慕い、92年の春、正式に葛城GCに入社し、同年の秋のプロテストに一発合格しました。

プロになりたての頃は、なかなか芽が出ませんでしたが、95年の「よみうりオープン」で2位となって、シード権まであと一歩まで迫るようになりました。翌年もベスト10フィニッシュに3回入りました。そして97年には「サントリーオープン」で初優勝を飾り、同時に初シード権を得ることができました。

それからは、パワーヒッターたちを相手に、アプローチとパットで対抗し、毎年コンスタントな成績を収め、現在まで20年近くシード選手としてツアーで戦っています。

近年は、幼い頃からゴルフを始めた私の半分くらいの年齢の活きのいいプロゴルファーが相手ですが、気持ち的にはまだまだ負けていません。

ゴルフに対する情熱や純粋な気持ちは、中学3年で初めてクラブを握ったときも、大学でプロを目指したときとも変わっていません。**闘争心を失ったら、プロとして戦っていけません**からね。それが、40代でもツアーの最前線にいられる源なのです。

師匠・芹澤信雄プロとの出会い

私がプロゴルファーになれたのも、なってからも、師匠である寺下郁夫プロのおかげであることは間違いありません。当初、寺下プロは、私のことを「シード選手くらいにはなって欲しいな」程度のゴルファーだと考えていたらしいのです。ですから、優勝したり、ましてや賞金王になったりするとは思ってはいなかったそうです。それだけに寺下プロには感謝を込めて、大きな恩返しができたと思っています。そして、プロ生活の中で新しい転機を迎える出会いをつくってくれたのも寺下プロでした。

あるトーナメントで、前の組で芹澤信雄《せりざわのぶお》プロがプレーしていました。後ろの組で芹澤プロのバンカーショットを眺めていたら、私が追い求めているような見事なバンカーショットを放ったのです。それが、素直に「芹澤さんに教わりたい」と思った瞬間でした。同じ静岡県出身ということで、寺下プロにすぐに紹介してもらいました。芹澤門下に入れてもらうことができたことが、私がプロゴルファーとして大成できた最大の要因だったと言ってもいいでしょう。

同時期に、同じ静岡県出身の宮本勝昌《みやもとかつまさ》君も入門しました。宮本君は元々飛ばし屋ですが、芹澤プロが私たちにまず言ったことは、「君たち、そんなボールを打っていたら、プロでは一銭も稼げないよ」でした。

この頃はジャンボ尾崎さんの全盛期で、メタルウッドが登場し、オープンスタンスに構え、高いティアップから放たれる「ドローボール」で圧倒的な強さを見せつけていた時代だったのです。もちろん、私たちもジャンボさんの打ち方を真似ていました。ところが、大事な場面になると、私も宮本君も大きく左に引っ掛けるミスショットを打っては、手痛い思いを何度も繰り返していました。

「左に引っ掛けるボールを打っていては、ツアーでは通用しない」ということです。芹澤さんは私同様、ツアーの中では小柄な部類に入り、飛距離もそれほど出ませんが、常にコンスタントな成績を収め、優勝争いにも加わっていました。そこで芹澤さんから**絶対に左に行かない「フェードボール」を持ち球にするようにアドバイス**されました。

子供の頃からフック系のボールを長年打ち続けてきた2人にとって、真逆のスライス回転のボールを打つことは、プロとはいえ簡単ではありませんでしたが、約半年間をかけてフェードヒッターになることができたのです。

フェードヒッターに転向

前項でお話ししたように、芹澤プロの一言で、フッカーだった私は、フェードボールを持ち球にするための猛練習を始めました。プロであれば、ドローもフェードも簡単に打ち分けられると思っている方も多いでしょうが、子供の頃から染み付いたスイングを根本的に変えるわけですから、簡単なことではありませんでした。

今ではゴルフファンの間で、藤田寛之はフェードヒッターの代表選手のように思われていますが、ドローからフェードという180度真逆のボールに変えるというのは、それなりの勇気と決断があったのです。

ところが、フェード打ちの練習を重ねるうちにあることに気づきました。芹澤プロのように体のターンを主体にしたスイングをするうちに、自然に右へ緩やかに曲がるボールが出るようになってきたのです。

体のターンを主体にしたスイングとは、わかりやすい表現をすると「でんでん太鼓」のようなスイングです。体をクルッとターンさせれば、太鼓のバチにあたる腕やクラブは自然についてきます。大きなウェートシフトを使って、アッパーブローでカチ上げ、できるだけ飛距離を稼ごうとした頃のスイングに比べると、無理のないスイングなのです。

最近では「パワーフェード」という言葉が定着してきましたが、まだまだアマチュアの皆さんはスライサーが圧倒的に多いせいか、ボールの曲がりが反対で飛距離も出るドローボールが憧れの球筋のようです。

もちろん、プロの私も完璧なドローボールがいつでも打てたらとは思いますが、実際のところ、**フェードとドローではそれほど飛距離は変わりません。**キャリーはほぼ同じで、ドローのほうがギア効果のせいで落下してからのランが多い程度です。

ドローではティショットがラフまで転がってしまうことが多かったのですが、フェードに変えたことでフェアウェイをキープすることが多くなりました。このことで、大事な場面でティショットをミスしていた私にとって、心に余裕が生まれました。**アイアンショットもフェードボールならば、グリーンにピタリと止まります。**

ゴルフというスポーツは「メンタル」が大きくスコアを左右します。それは、プロでもアマチュアでも同じはずです。不安感や恐怖感を抱いたままスイングするよりも、安心感や心に余裕を持ってスイングをしたほうが、明らかにいい結果となります。

41歳で「賞金王」に！

私は、初シード権を獲ってから、20年近くキープしています、ゴルフファンの間では、20～30代の頃は何年かに1回たまに勝つけれども、どちらかというとコンスタントな成績を収め、安定した順位にいる中堅プレーヤーと思われていたようです。

小柄で飛距離もそれほど出ない、アプローチやパットでスコアをまとめているような印象を持たれていた方も多かったでしょう。それが、40歳を過ぎてから10勝を挙げ、2012年には「賞金王」というビッグタイトルまで獲ってしまったのですから、世間はびっくりしたことでしょう。ですが、実のところ本人がいちばんびっくりしています。

というのも、その途端、「中年の星」「アラフォーの鑑《かがみ》」などと急に崇められ、とくに同年代のゴルファーに希望を与えたようで、私のスイングやゴルフ理論が注目されるようになったからです。

「40歳を過ぎてから、何が変わったのですか？　私たち中高年にも、その秘訣を教えてください！」

これまで数え切れないほど受けた質問ですが、冒頭でも述べましたが、自分でもわからないというのが本心です。強いて言えば、いかに現状をキープするかです。20～30代の頃と比べれば、明らかに体力は落ちているはずですから、筋トレの量は増やしていますし、練習量だって若い頃と引けを取りません。

皆さんも中高年になれば、体力も落ちて、飛距離も落ち始め、もうこれ以上のレベルアップは無理かなと思っているかもしれません。しかし、アマチュアの方でも**練習量と普段の節制や運動で、まだまだレベルアップできる**はずです。ゴルフは、レベルアップの努力を諦めた瞬間、スコアアップは望めなくなります。

私たちのように常に筋トレをしたり、毎日練習場に通うということは、時間的にも無理かと思いますが、普段の生活で歩く距離を増やしたり、エレベーターやエスカレーターを利用せず、階段を上ったりすることは可能でしょう。ストレッチなどをして、体の硬化を予防するような生活習慣をすることをアドバイスします。

アマチュアゴルファー同様プロにとっても、**ゴルフは生涯スポーツ**です。プロスポーツの中では珍しく、ゴルフは「引退する人がほとんどいない」という、いつまでも楽しめるスポーツなのです。

「まだまだレベルアップ、スコアアップするんだ！」という意欲を持つ人のために、これから藤田流のレッスンを解りやすく進めていきます。

私はツアープロですので、レッスンプロとはまったく違う教え方や理論もいくつかあると思います。ですが、これまで私が経験してきて得たことが、皆さんのレベルアップに少しでもお役に立てば幸いです。

レベルアップには、絶対に押さえておく「基本」があります。それも「正しい順番」で覚えていかなければいけません。

そして、それは「スイングメカニズムから知る」というのが、最初のレッスンです。

レベル 1

〝スイングメカニズム〟にも覚える順番がある

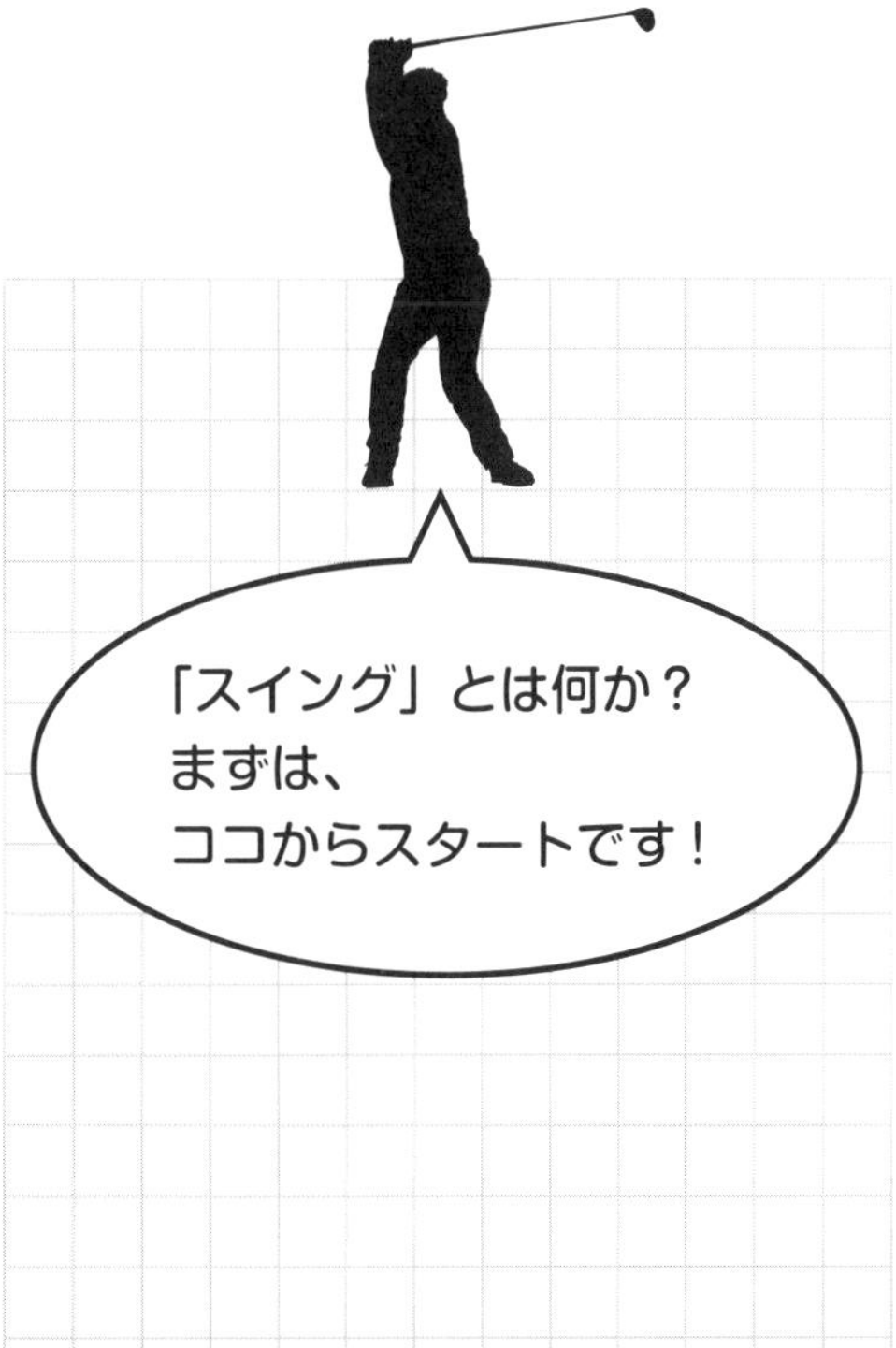
「スイング」とは何か？
まずは、
ココからスタートです！

球筋①

"9種類"の球筋を理解する

練習場でボールを黙々と打ち込んでいるアマチュアゴルファーの大半が、「ボールを真っ直ぐ打つ練習」をしていることでしょう。「とりあえず真っ直ぐ打てるようになりたい」、そう思う気持ちは痛いほどわかります。

ところが、ストレートボールを打つということは、あなたがマシーンでもなければ、不可能であることをまず理解していただきたいのです。「えっ?」とお思いの方がほとんどでしょうが、**プロでもストレートボールを持ち球にしている人は皆無**なのです。

ストレートボールとは「インサイド・イン」の軌道で、フェースとボールが「スクエア」にヒットしたときにしか生まれません。フェースが少しでも開いていたり、閉じていたり、あるいはクラブが少しでも内側や外側から下りてきたら、ボールにサイドスピンがかかり、必ず左右どちらかに曲がるはずです。プロの放つストレートに見えるボールでも、サイドスピンがゼロということはありえないのです。

「なぜ、ボールが曲がるのか?」、それは**スイング軌道**と**フェースの向き**が決定します。

同じスライサーでもアウトサイド・インの「スイング軌道が原因」の人もいれば、フェースが開いてヒットしている「フェースの向きが原因」の人もいます。また、その両方が組み合わさったスライサーもいます。

まずは、**「球筋のメカニズム」を理解する**ことから始めましょう！

球筋は、基本的に9種類（「スイング軌道」3種×「フェースの向き」3種）あります。

スイング軌道は「**アウトサイド・イン**」「**インサイド・アウト**」「**インサイド・イン**」の3種類で、振り抜いた方向にボールは飛び出します。

インパクトでのフェースの向きは、「**スクエア**」「**オープン**」「**クローズ**」の3種類で、打ち出したあとに曲がる方向が決定します。

インサイド・インでフェースがスクエアなら、理想の「ストレートボール」。インサイド・アウトの軌道でフェースが閉じていれば、右に出て、左に曲がる「ドローボール」になるのです。

スイング軌道やフェースの向きの度合いによって、曲がりの幅は変わりますが、これが球筋のメカニズムです。普段、左右に大きく曲げているゴルファーは、このメカニズムを理解してください。自分の「スイング軌道」と「フェースの向き」がわかってくるはずです。

Step 2

球筋②

「スタンスの向き」ではなく、「肩のライン」で球筋は決まる

プロでもアマチュアでも「ストレートボールを打っている人は、ほぼ皆無である」と前述しました。ゴルファーは必ず、「フェードヒッター」か「ドローヒッター」のどちらかなのです。

皆さんが今まで聞いた理論では、フェードを打つときは「オープンスタンスをとって、スタンスに沿って〝アウトサイド・イン〟に振る」。反対に、ドローを打つときは「クローズドスタンスに構えて、〝インサイド・アウト〟に振る」ではないでしょうか。

ところがプロの間では、オープンに構えて、ドローボールを打つのは常識です。クローズに構えて、フェードだって打ちます。ボールを左右に曲げるポイントは、スタンスの向きではなく、実は「肩のライン」。**肩のラインが球筋を決定する**のです。

ドローやフェードの打ち分けは、簡単に言えば、フェースを目標方向に向けたまま、**ボールの位置と肩のラインの向きを変える**だけ。真っ直ぐ打ちたいときは、フェースと肩の向きはスクエアに。ドローは、肩のラインを「右」に向け、ボールを1個分「右」に置く。フェードは、肩のラインを「左」に向け、ボールを1個分「左」に置くだけなのです。

POINT ①
球筋は「スタンスの向き」ではなく、「肩のライン」と「ボールの位置」で決まる
POINT ②
〝フェードボール〟を打つときは肩のラインは「左」を向く
「アライメント」の重要性
スタンスチェックのスティックを置き、常に体の方向を確認する

Step 3

スイングの基本

大きなボールを投げて、「スイングイメージ」を知る

ジュニアからゴルフを始めた人と、成人してからゴルフを始めた人では、スイングに大きな違いがあります。大人になってゴルフを始めると、「ボールを上手く当てよう」とすることからスタートしてしまう傾向があるからです。これが体を効率よく使えずに、手先だけのスイングになってしまう原因なのです。

バックスイングで力を溜めて、ダウンスイングからフォロースルーにかけて、その溜めた力を一気にボールに伝える。その力が強いほど、ボールは遠くに飛んでいきます。つまり、**「右」に乗せた体重を、効率よく「左」に乗せる**ことができれば、パワフルなボールを打つことができるのです。

このスイングイメージを体感するには、バスケットボールやバレーボールのような、大きなボールを体の前で抱えて、できるだけ遠くに投げてみることです。私はここ数年、2キロの「メディシンボール」を投げる練習を取り入れています。

重いボールを遠くに投げるには手の力だけでは無理です。下半身をどっしりさせて、上

体の力ではなく、体のターンを使わなければいけないことが理解できます。

このトレーニングは、「スイング軸の確立」「下半身のリード」「上体の捻転」など、ゴルフスイングの基本となるエッセンスが詰まっています。

メディシンボールがあればベストですが、ゴルフクラブよりも長い「竹ぼうき」や野球の重い「マスコットバット」をできるだけ速く振ることで、同様な効果が得られます。通常のゴルフスイングと同じように、竹ぼうきや重いバットを持ち、アドレスの形をつくってスイングするのです。

竹ぼうきや重いバットを振り切るためには、手先だけでは速く振ることができません。メディシンボールを遠くに投げるのと同じように、体の回転を使わなければスイングできないのです。最初は、ゆっくり遠心力を利用しながら、バックスイングでは右足に、フォロースルーでは左足に体重を乗せてスイングし、慣れてきたら徐々にスイングを速くしていきましょう。

ゴルフの上達法は、ボールをたくさん打つだけではありません。「毎週1回、100球打つ人」よりも、「毎日100回素振りをしている人」のほうが上達するというデータもあります。

Step 4

グリップ①

「左手」3本の指をしっかり握る

正しいゴルフスイングを覚える「順番」としては、やはり、クラブと体のジョイント部分である「グリップ」の話からしなくてはいけません。私の場合、**左手の「中指」「薬指」「小指」の3本と、右手の「中指」「薬指」の5本をしっかり握ります。**

ここで誤解してほしくないのは、〝しっかり〟＝〝強く〟ではないことです。しっかり握るといっても、手が白くなるほどギュッと強く握るほどではなく、クラブが抜けない程度だと思ってください。

それ以外の指には力は入れていません。両手の「人差し指」に力を入れると、上腕部に力が入ってしまうことがわかります。すると、上から押さえつけるようなアドレスになってしまい、バックスイングで右脇が空き、体と腕が同調しなくなります。

とくに「左手」3本の指をしっかり握っておけば、腕の下側の部分に適度な力が入り、ワキの締まったスイングがしやすくなります。逆に言えば、左手3本の指をしっかり握っていないと、スイング中に緩みが生じてしまうのです。

POINT①
左右の「人差し指」と「親指」には力を入れない
POINT②
「左手」3本と「右手」2本の指をしっかり握る。とくに〝左手3本〟をしっかり握る

Step 5

グリップ②

左手は「フック」、右手は「スクエア」に握る

グリップで最も大事なことは「両手の一体感」です。左右の力の配分はできるだけイーブンであることが望ましいので、私は、左手は手の甲を少し上に向けた「フックグリップ」に、右手は手のひらを目標に正対させる「スクエアグリップ」にしています。

「なぜ、左手もスクエアにしないのか」と思うでしょうが、右利きのゴルファーの場合、当然右手の力のほうが勝っています。左手をこの右手の力とイーブンにするために左手をフックにして、若干強めに握っているのです。フックグリップは「ストロンググリップ」とも言い、力を入れやすいからです。ただし、力を入れるといっても、肩や腕にまで力が入らない程度に留めておいてください。

このグリップは、ボールを捕まえやすいというメリットだけでなく、最近の大型ヘッドのクラブにも適しています。フェースターンをさせずに、インパクトゾーンで真っ直ぐな時間が長くなるという利点もあります。ダウンスイングからインパクトにかけて、手を返さなくても力が入るグリップなのです。

POINT

「左手の甲」を〝少し上〟に向け、「右の手のひら」は〝目標に正対〟させる

Step 6

アドレス

軽くジャンプし、バランス良く着地する

プロや上級者のアドレスを見ると、全員が下半身をどっしりさせて、上体は力の抜けたリラックスした構えをしています。反対に、ビギナーやアベレージクラスのゴルファーのアドレスを見ると、「ボールを遠くに飛ばしたい」という本能から、「肩」「腕」「グリップ」に力が入り、下半身はその逆で、不安定になっている人が圧倒的に多いのです。「アドレスは自然体がベスト」と言われていますが、「自然体」という言葉が意外に難しいようです。

どっしりした下半身を体感するためには、普通にスタンス幅に足を広げて、軽くジャンプして、バランス良く着地してください。すると、股関節が入り、ヒザも適度に曲がっているはずです。**なにも意識せずに着地した自然体、これがアドレス時の下半身の形です。**この安定感が、いちばん飛距離が出て、方向性を高める基本の構えなのです。

スタンス幅は、ほぼ肩幅程度で、体重配分もほぼ均等になっているはずです。これでクラブを持って前傾姿勢をとると、足裏全体にかかっていた体重が、少しつま先側にかかります。「静」から「動」に移るときは、ややつま先体重にするのが自然なのです。

POINT①
何も意識せずジャンプしてみる。着地した「自然体」がアドレスでの下半身の形だ
5
5
POINT②
体重配分は左右5:5
スタンス幅は約肩幅

Step 7

バックスイング

バックスイングはフォロースルーから逆算する

「バックスイングの上げ方がよくわからない」という質問をよく受けます。

基本的に、バックスイングは球筋に関係なく、肩のラインに対して、真っ直ぐヘッドを上げていきます。その後、体の回転に合わせて、ヘッドはインサイドに上がっていきます。球筋は、インパクト以降のフォロースルーでの「ヘッドを出す位置」で最終的に決まります。

それを感じるために、私は「フォロースルーからの逆算」をおすすめしています。つまり、**一度フォロースルーの位置にヘッドを出し、そこからバックスイングをしてトップまで上げる**のです。

例えば、「ドローボール」を打つ場合は、インサイド・アウトに振り抜くわけですから、フォロースルーでヘッドは「目標ラインの外」に出します。その位置にヘッドを出すためには、トップがどの位置になれば出しやすいのか試してみてください。自ずと、バックスイングはインサイドに入り、トップは通常よりも低くなります。これは実際に打つときのスイングと同じ軌道です。

反対に、「フェード」を打つ場合は、フォロースルーでヘッドは「目標ラインよりも内」になります。そこからバックスイングを上げると、アウトサイドに上がり、トップの位置も高くなるはずです。「フォロースルーでどこにヘッドを出すか」を決めておくと、バックスイングからトップの動きが自然にわかるのです。

また、「腰を水平に回す」という意識も忘れないでください。**アドレスしたその場で、「腰を水平にコマのように鋭くターンさせる」ことが大事です。**腰を水平に回すことで、体の上下動は起こらず、スイング軌道は狂いません。その場でターンさせることで、スイング軸もブレず、よりスイング軌道が安定し、腰のターンもスムーズになってヘッドスピードもアップし、結果的に飛距離も出るようになります。

腰をアドレスの位置で水平ターンさせるためには、バックスイングでは、右股関節にウエートをシフトさせ、その上で腰を回していきます。ダウンスイングでは、ウエートを左の股関節にシフトさせ、その上で腰を回していくのがポイントです。

バックスイングで右腰が右に流れたり、ダウンスイングで左腰が左に流れたりする、いわゆる「スエー」は絶対に禁物です。

「フォロースルー」の位置から…
POINT①
フォロースルーでの
「ヘッドを出す位置」
を確認する

一度「トップ」まで戻し、スイングする

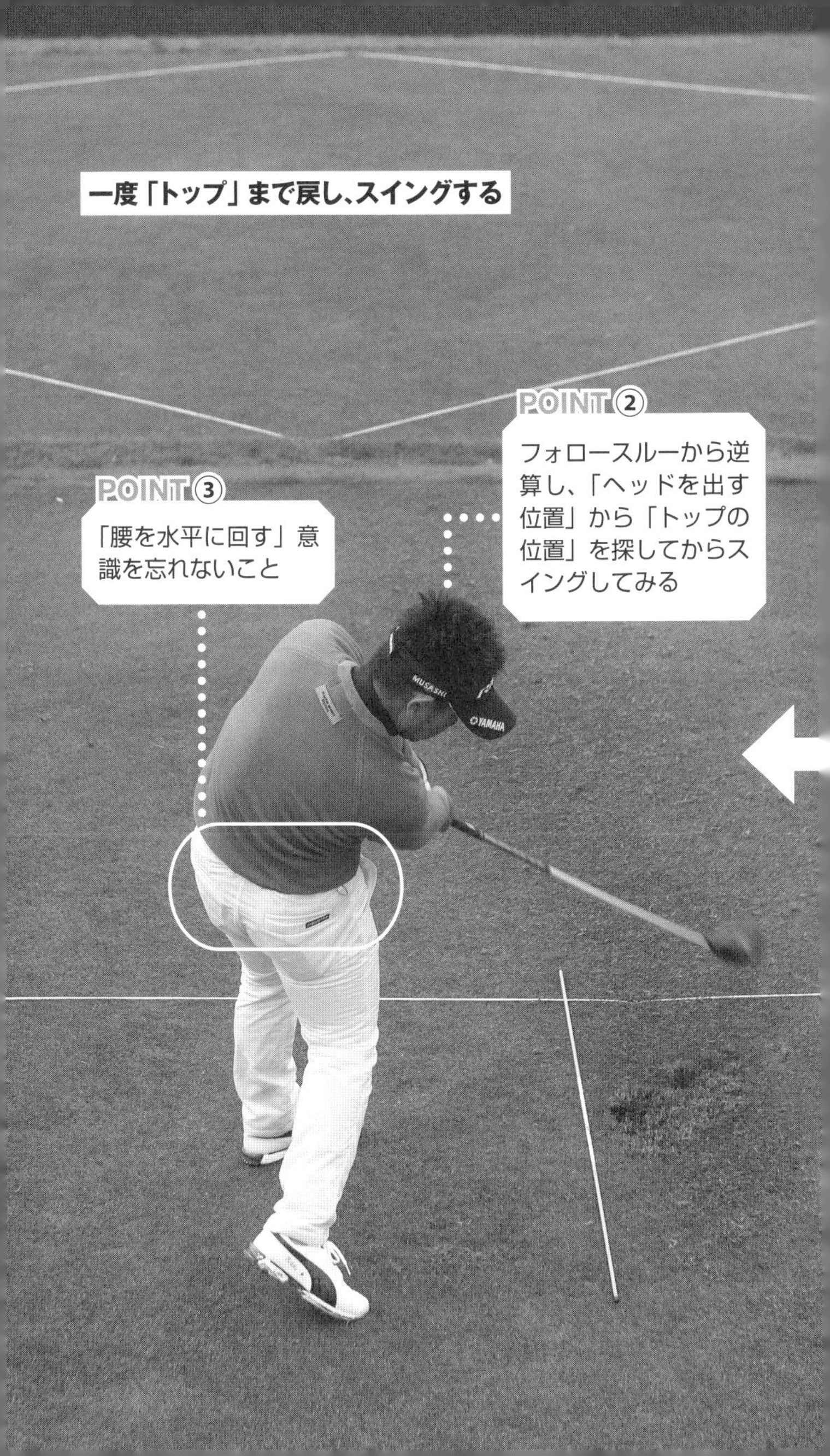

POINT ②

フォロースルーから逆算し、「ヘッドを出す位置」から「トップの位置」を探してからスイングしてみる

POINT ③

「腰を水平に回す」意識を忘れないこと

Step 8

トップ

右腰を動かさずにトップまで上げる

「バックスイングからトップまでの動き」は、「右サイドにパワーを溜める」という大事な動作です。前項で話したように、トップでは右股関節の上に体重を乗せます。このとき、アドレスの位置よりも「右」に頭を動かします。頭が動かないと、右の股関節の上には乗りませんし、トップで左肩が下がりやすくなってしまうからです。

そしてもうひとつ、アドレスからトップまでは「**右サイドのカベ**」**をイメージして、右腰を動かさない**ようにします。実際には回転しているわけですから、後方に回りますが、正面から見て、右腰の位置が変わらなければＯＫです。

右腰さえ動かなければ、上体はいくら右に動いても構いません。体重が右サイドに乗っていれば、問題はありません。ただし、右に乗れば乗るほどパワーは溜まりますが、右サイドに全体重が乗ってしまうと「方向性が悪くなる」ので、ほどほどに抑えてください。

バックスイングでは右腰に締りを、インパクト以降のフォロースルーでは左腰に締りを感じられるようにしましょう。

POINT ①
バックスイングでは「右サイドのカベ」をつくるイメージを持とう
POINT ②
右腰の位置はアドレスと同じに！

Step 9

切り返し

「左肩」が"アゴの下"に入ったら切り返す

「トップはバックスイングの終着点」という表現があります。しかし実際は、トップでいったんスイングが止まり、そこからダウンスイングが始まるわけではありません。**上半身がトップの位置に完全に収まる前に、下半身は動き始めるのです。**

野球の投手は足を踏み込んでから、ボールを投げます。足が地面に着く前にボールを投げてしまったら、球威もなく、コントロールも定まりません。

トップからダウンスイングに移る「切り返し」も同じです。

切り返すタイミングの目安は、「左肩がアゴの下に入ったとき」＝「手が肩より少し高い位置にあるとき」です。下半身が切り返しの動きを始めても、上半身はまだトップに向かって動いています。その「間」が下半身主導となり、「力」を生み出すのです。

アマチュアの方が間をつくるのは難しいかもしれません。まずは、間を生み出すために、クラブを振り下ろす前までは、胸の向きをトップの位置、つまり「後方を向いたまま動かさない」意識を持つといいでしょう。

POINT①
「左肩」が“アゴの下”に入ったときが「切り返し」のスタートのタイミング！
POINT②
下半身が切り返しを始めても、上半身はまだバックスイングに向かっている

Step 10

ダウンスイング

「下」から順番にダウンスイングをスタートさせる

私のスイングを映像で観ると、トップで「間」があります。確かにトップでクラブが止まっているように見えますが、本人の感覚では、その自覚症状はまったくありません。それは意識して間をつくろうとは思っていないからです。

私はただ「**下半身を先行させて動かしていこう**」**と意識している**だけです。

ダウンスイングの際、下半身と上体が同時に動いてしまうと、それは単なる回転運動に過ぎません。それではパワーもロスしますし、ヘッドスピードも出ません。ダウンスイングでは、まず左足を踏み込んで下半身を動かし、その動きに引っ張られる形で、遅れて上体と手が一体化して動き出すのです。この**時間差が**「**最大限のパワー**」**を生み出します。**

飛距離を最大限にするためには、トップからの切り返しは、とても重要なポイントとなります。右腰を動かさずにバックスイングで溜めたパワーをロスさせないで、最大限にボールに伝えるためには、下半身からダウンスイングを始めなくてはいけません。

下半身先行でダウンスイングを行うわけですが、理想は「**左足（足元から）**」→「**腰**」→「**肩**」

↓「**腕**」↓「**クラブ**」**の順**で振り下ろしてきます。足先から振り下ろす意識ができる人は少ないでしょうが、ヒザでも腰でも構いませんから、なるべく体の下のほうからダウンスイングをスタートさせてください。自分なりに下半身が先行しやすい場所を見つけるのです。

バックスイングでせっかく溜めたパワーをロスしているアマチュアの多くは、単に「ダウンスイングはクラブを振り下ろす動作」だと勘違いしているところにあります。**クラブを持つ手の意識が強すぎるため、手や腕といった「上体」から切り返している**のです。

クラブを振り下ろすというイメージを持ったアマチュアは、インパクトを迎える前に腰や肩が開いてしまい、ボールにパワーも伝わらないだけでなく、右へ大きく曲げてしまうことになります。

上体と下半身との時間差をマスターするには、伝説のホームランバッターの王貞治《おうさだはる》選手の「1本足打法」を取り入れましょう。バックスイングで左足を右足に寄せて、トップでは右足1本で立ちます。トップから左足を踏み込む時間が、間となります。

この1本足素振りは、ダウンスイングでの切り返しだけでなく、スムーズなウェートシフトも体感できる効果的な練習ドリルとして、初心者から上級者までおすすめします。

「ダウンスイング」のメカニズム
POINT①
トップからダウンスイングへの「切り返し」は“下半身先行”の意識を持つ

⑤
④
③
②
①
POINT②
ダウンスイングは、①左足→②腰→③肩→④腕→⑤クラブの順に下りてくる

Step 11

インパクト①

「インパクトまで"右足カカト"を上げない」意識を持つ

ダウンスイングは下半身から先行させますが、その中でも、いわゆる「腰のキレ」も重要なポイントになります。インパクトからフォロースルーにかけて、左の股関節を意識して、**左にターンしながら、右腰を目標方向に突き出す。**これが腰のキレになります。ダウンスイングで腰が早く開いてしまいそうですが、インパクトで「左足」をしっかり踏ん張ることができれば、この開きを防ぐことができます。

ただし、インパクトで右足体重になったり、左足がめくれ上がっているとスライスが出ます。それは左足を踏ん張ることができず、肩をターンさせようとしても、右肩が突っ込んでしまい、スイング軌道が極端なアウトサイド・インになってしまうからです。

そこで、**インパクトまで右足のカカトを浮かせない気持ちで、両足の裏でがっちり地面を踏みしめます。**そのまま左足を軸にして、「右肩」「右腰」そして「右手」を同時にターンさせるのです。一見、上体が開いているように見えますが、腰のキレを使って、右手でボールを叩いている感じが実感できるはずです。

POINT ①
「右腰」と同時に「右肩」もターンさせる
POINT ②
「右腰」を目標方向へ突き出す
POINT ③
「右足カカト」を上げない意識が必要
POINT ④
インパクトでは「左足」がめくれ上がらないように踏ん張る

Step 12

インパクト②

インパクトの瞬間は必ず「胸」を12時（正面）に向ける

「インパクトはアドレスの再現」という言葉を聞いたことがあると思います。インパクトのときは、アドレスと同じ向き、同じ手の位置でなくてはいけないという意味です。

時計盤をイメージしてください。アドレス時の正面が「12時」とすると、トップで胸は「3時」の方向を向きます。そして、インパクトではアドレス時の「12時」を向いているのが理想です。このとき、腰は先行しているので、「11時」辺りを向いているのが、正しい位置となります。

大半のスライサーは、このインパクトの時点で上体が先行して、肩のラインが「10〜11時」を向いているのです。ボールを正しく捕まえるには、インサイドからクラブを振り下ろしてこなければいけません。**スイング軌道は、「胸の向き」で決まるのです。**体が開いた状態で目標よりも左に肩が向いていると、アウトサイドからクラブが下りてきて、インパクトでフェースも開いてしまいます。体が開き気味の人は、もっと極端にインパクトで胸が1時の辺りを向いているくらいの意識を持つといいでしょう。

POINT

「体の正面」でボールをヒットすることで、ボールは捕まり、飛距離も最大限となる

Step 13

インパクト③

左のカベは「左の頬《ほお》」を意識する

体を開かないことに加えて、「左のカベ」も意識しなければいけません。インパクトの理想形は「ヘッド・ビハインド・ザ・ボール」という頭がボールよりも後ろにある状態でヒットすることで、それによりヘッドを走らせることができます。

それでは、仮想のカベである「左のカベ」はどうイメージすればいいのでしょうか？

私の場合、左のカベはアドレス時の「左の頬」に感じています。

「バックスイングでは頭はいくら右に動いても構わない」と前述しましたが、ダウンスイングからインパクトにかけて、**アドレス時の左の頬の位置よりも左に流れてはいけません。**アドレス時よりも頭が左に流れると、体が突っ込み、上体も開いてしまいます。アウトサイド・インのカット軌道になってしまうので、ヘッドを走らせることができません。

「ダウンスイングは下半身から動かす」と何度も言っていますが、インパクトで頭が左に流れないようにするためでもあります。上体が開かないことで、最後に動き出したヘッドが加速しながらインパクトで最速となり、ボールに最大のパワーを伝えるのです。

RMX inpres
DELTA
POINT
「ダウンスイング」から「インパクト」まで、“左の頬のカベ”よりも頭が左に流れないようにする

Step 14

フォロースルー

左右の肩をスイッチさせる

私の持ち球は、皆さんご存知の通りフェードボールです。このフェードを打つ練習には、バンカーショットや左足上がりのライからのショットが役立ちます。まったく関係ないように思われるでしょうが、「左足体重でオープンスタンスに構え、アウトサイド・インの軌道で振る」という共通点があります。バンカーショットの場合は、上半身の捻転を使って、クラブを立てて、高いトップから砂に打ち込みます。そのとき左足を軸にして、右肩と右腰をターンさせてヘッドを横に振り抜くのが、エクスプロージョンショットの基本ですが、これらの動きはフェードボールを打つときと同じ感覚なのです。

バックスイングでクラブを立てるといっても、手先だけで振り上げてしまったら、当然手打ちとなります。そのためにも上体を捻転させる意識が必要です。さらに、捻転によって、蓄えられたパワーを生かして、スムーズに振り抜くために、ダウンスイング以降、左肩と右肩を入れ替える、いわゆる「スイッチング」をイメージしながら、体を回転させるのです。**アドレスでの左肩の位置に右肩がくる**というのが、理想的なスイングです！

POINT
アドレスでの「左肩」の位置に「右肩」がフィニッシュでくるようなスイングが理想的だ

Step 15

フィニッシュ①

フィニッシュは左足1本で立つイメージを！

前項で述べたように、左足を軸にして、右腰と右肩をターンさせれば、フィニッシュでは自然に体重が左足にシフトされます。極端に言えば、左足1本だけで立てるようなフィニッシュがスイングの理想的な終わり方です。

「フック系のボールで、少しでも飛距離を伸ばしたい」と思っていた若い頃は、アッパーブローでボールをヒットしていたため、今よりも高いフィニッシュで若干右足に体重が残っていました。しかし、フェードヒッターに転向してからは、フィニッシュの位置も低くなり、**左足が地面に吸い付いて、右足は軽くつま先立ち**している程度になりました。

ひどいスライスボールに悩まされる人のほとんどが、左足の裏がめくれて、このようなフィニッシュがとれていません。また、体重移動が上手くいかず、飛距離が出ないという人のほとんどが、右足体重のフィニッシュのいわゆる「明治の大砲」スイングです。

それを直すには、**ボールを打ち終わったら、右足を一歩前に踏み出してみる**といいでしょう。この練習を積むと、右腰や右肩が自然に「飛球方向」に向かおうとします。

POINT ①
フィニッシュの理想形は、体重が完全に左足にシフトすること
POINT ②
右足は「軽くつま先立ち」が理想だ

Step 16

フィニッシュ②

フィニッシュでしっかり静止する

フィニッシュを見れば、その人がどんなボールを打ったのかがわかります。ですから、アドレスの時点で、**左足に体重が移り、ピタッと静止しているようなフィニッシュに向かうことだけを考え、**スイングすれば、自然にスムーズなスイングになり、結果的にナイスショットが生まれます。

ダウンスイングからフォロースルーにかけて、バランスの悪いスイングをしているときは、フィニッシュの形がキレイに収まりません。逆にキレイにフィニッシュが決まっていると、インパクトゾーンでの動きがいいということが多いのです。

フィニッシュがキレイに収まらないという人は、ボールを打ち終わったら、どんなショットでも**ボールが地面に落ちるまで、フィニッシュの形をとり続ける**ことです。それだけで、スイング全体のバランスが良くなってきます。

素振りなら昨日今日ゴルフを始めたばかりのビギナーであっても、フィニッシュで崩れ落ちるような形になる人はいません。ほぼ全員のゴルファーが、素振りでは「ピタッ」と静止できているはずです。ところが、いざボールを目の前にすると、余分な力が入ってしまったり、速いスイングリズムになってしまったりで、バランスを崩してしまうのです。

練習場でショットを打つ前に、3回くらい素振りをしてから、ボールを打ってみてください。力みも抜け、スイングリズムもゆったりしたものになり、イメージ通りのフィニッシュに近づけるはずです。素振りと違い、実際にボールを目の前にすると、誰でも本能的に「飛ばしたい」「乗せたい」「寄せたい」などと考えてしまいます。**「力を入れる」＝「スイングが速くなる」という間違った考え**は、すべてその本能が原因なのです。フィニッシュでしっかり静止できない人は、素振りとの違いを普段の練習から感じ、できるだけ素振りに近い感覚でスイングに臨むことです。

フィニッシュの理想形をもう一度おさらいします。左足に全体重が移動して、右足はつま先で立たせている程度であること。アドレスとフィニッシュで左右の肩の位置が入れ替わり、おへソが目標方向を向く形が理想です。

インパクト以降の動きは惰性的なもので、意図的に何かをしようということはできません。しかし、「キレイなフィニッシュで終わろう」「最後までスムーズに振り切ろう」という気持ちは大事ですので、**いい最終形のイメージでスイング**してください。

POINT ①
フィニッシュで静止できないのは、「力み」や「普段と違うスイングリズム」が原因。素振りのイメージを大切にする
POINT ②
ボールが地面に落ちるまで「フィニッシュの形」をとり続ける

レベル2

〝ドライバーショット〟にも覚える順番がある

藤田流
「パワーフェード」の打ち方
を伝授します！

Step 17

球の曲げ方

自分の意志で、まずは「軽いスライスボール」を打ってみる

私は身長168センチと、大男ぞろいのツアープロの中では、小柄で非力な部類に入ります。30代の頃平均ドライビング・ディスタンスは、約260ヤードくらいで、ランクは100位前後が定位置でした。それが、最近飛距離の出る若手が次々現れる中、平均飛距離は約20ヤードほど伸びて、〝280ヤード〟はコンスタントに出るようになりました。もちろん、「クラブやボールの進化」や「筋トレで鍛えたこと」も理由ですが、〝パワーフエード〟というボールをマスターしたことも大きな要因だと思います。

アマチュアゴルファーは、圧倒的にスライサーが多いためか、スライスボールとは逆方向の左に曲がるボールを打ちたがっているように思います。「フック回転のボールは、スライスボールの薄いインパクト感と違い、なんとなくボールを捕まえたようなインパクトの感触がある」、そんなイメージがあるのではないでしょうか？

しかし**飛距離に関しては、ドローボールとフェードボールのキャリーはほぼ同じです。**ただ、ドローボールはギア効果によって、地面に落下してからのランが多い分、飛距離

が出ます。その反面、左のラフまで転がっていってしまうこともありますし、グリーンで止まらず、奥まで転がってしまうことも多い球筋です。

その点、フェードボールはランが出ませんので、右のラフまでいくことも少ないのです。グリーンにも止まりやすいので、**確実性の高い球筋**と言えます。

私のプレースタイルの生命線は、この〝確実性〟です。確率の高いショットを打つことで、若い飛ばし屋のプロ達と競い合っているのです。もちろん、ホールのロケーションや勝負どころでは、思い切り引っぱたいてドローボールを打つこともありますが……。

それでは、パワーフェードとは、どんな球筋であるかを説明いたしましょう。

ご存知のように、スライスボールは右曲がりのボール。皆さんの多くが悩まされているのは、本人の意図とは違い、真っ直ぐ打ったつもりが大きく曲がってしまう球です。

私が普段打っているフェードボールは、フェースの芯で捉え、緩やかに右に曲がるボール。目標をフェアウェイのセンターとすれば、フェアウェイの左サイドか左のラフ辺りに「仮の目標」を設定して、そこを狙って打ち、途中から右に戻ってフェアウェイの中央に落下する球です。

このように、パワーフェードというのは、自分の狙った方向に打ち出し、しかも距離も出る球筋なのです。アマチュアのスライサーは「曲げたくない」と思いながらも曲がってしまいますが、私の場合は「最初から右に曲げていく」ことを考えてスイングしています。つまり、**曲がりをコントロール**しているのです。

皆さんもまず「ボールを曲げる」ことから始めてはいかがでしょう。そして、曲がりの少ない「軽いスライスボール」から打つことが、フェードマスターの第一歩です。

前章のとおり、「肩のラインの向き」で球筋は決定します。スタンスの向きは関係なく、肩のラインが右を向けば、バックスイングでヘッドは、飛球線よりも内側に上がり、飛球線の外側に振り抜かれます。これがフック打ちのインサイド・アウトの軌道で、ボールを下からカチ上げるイメージのスイングになります。そのためティアップは高めにします。

それに対して、**スライスを打つには、肩を目標よりも左に向け、バックスイングで外側に上げて、インパクト後は内側に振り抜きます。**感覚的には「上からボールをヒットする感じ」です。ボールの位置は、フックもスライスも左カカトの内側ですが、スライス回転のボールを打つには、上からボールを捉えやすいようにティアップを低めにします。

「肩のラインの向き」「ティアップの高さ」、この2つのポイントで軽いスライスボールを打ってみてください。

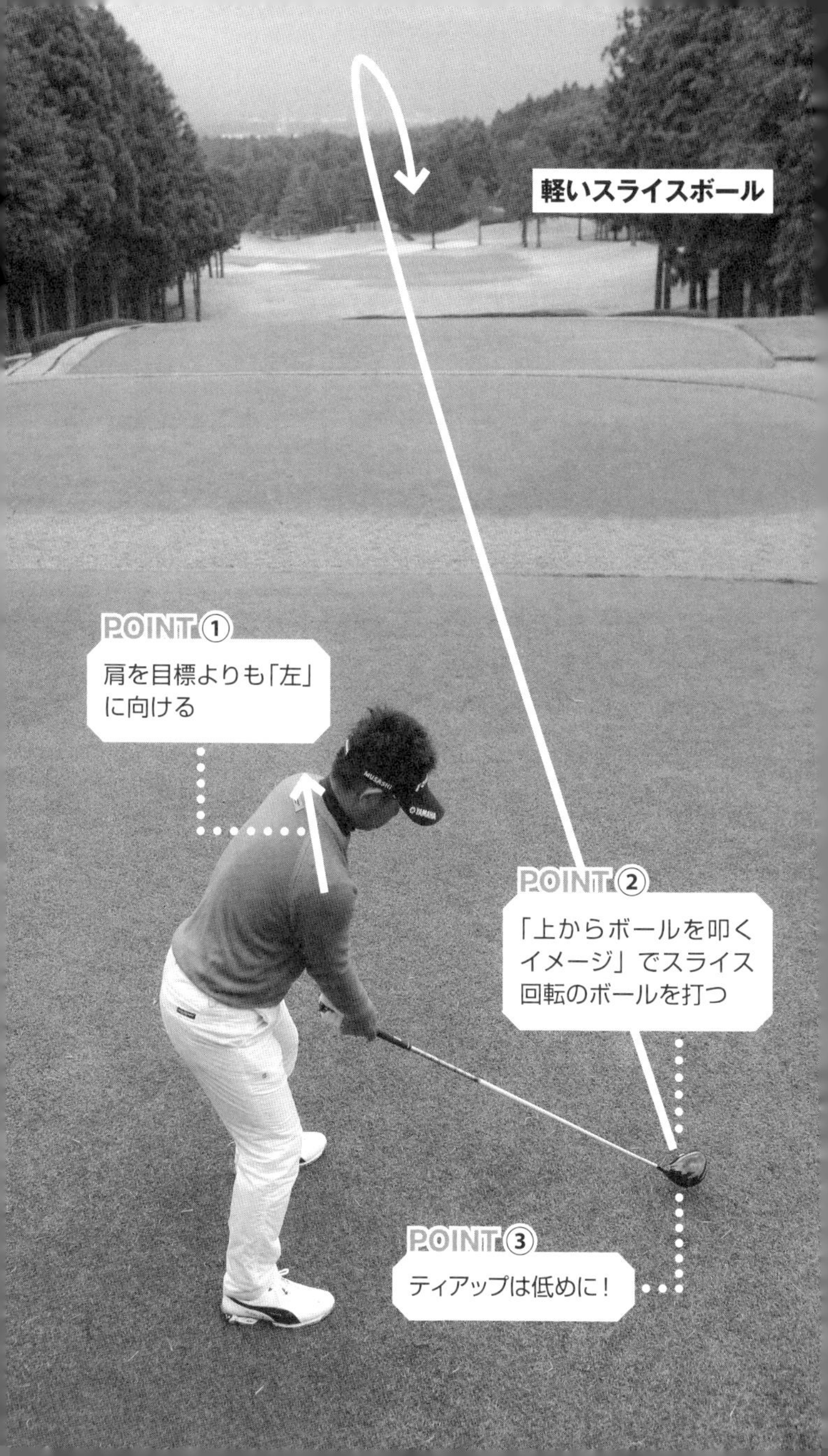
軽いスライスボール
POINT①
肩を目標よりも「左」に向ける
POINT②
「上からボールを叩くイメージ」でスライス回転のボールを打つ
POINT③
ティアップは低めに！

Step 18

ショットのイメージ

肩のラインを左に向け、「インサイド・イン」に振る

「スライス」には、右に飛び出してからさらに右に曲がる「プッシュスライス」、真っ直ぐ飛び出した後に右に曲がっていく「ストレートスライス」、そして、目標よりも左に飛び出して大きく右に曲がる「引っ掛けスライス」があります。

ではなぜ、スライスが出てしまうのか？　それは、ずばり**アウトサイド・インの軌道で振り下ろしている**から。ダウンスイングで右肩が突っ込んでしまい、クラブが外側から下りてくると、アウトサイド・インの軌道を描いてしまいます。

その原因としてまず考えられるのは、「肩が目標よりも右を向いている」こと。肩が右を向いた状態で、肩や腰をターンさせようとすると、右肩が大きく前に出てしまいます。すると、体重が左足にシフトされず、左腰が引けて、右足軸で回転しなくてはならなくなるのです。当然、ボールにはパワーが伝わらず、飛距離もまったく出ません。

それればかりか、フェースが少しでも開くと、さらに大きく右に曲がってしまいます。それを調整しようと、手首をコネてしまえば引っ掛けが出ます。球筋が不安定な人は、この

タイプでしょう。引っ掛けスライスが出始めたら、まず、**肩を目標よりも左に向けて構え、左足軸でスイングする**ことを思い出してください。

このこすり球のような飛距離の出ない引っ掛けスライスですが、ボールがいったん左に飛び出して右に曲がってくるので、3つのスライスの中では、いちばんフェアウェイキープできる球筋です。飛距離をロスしてしまうというのがデメリットですが、プッシュスライスとは違い、実戦的なボールであるとも言えます。

いつもこのボールが出るというタイプは、腰や肩をレベルターンさせて、フェースの芯でボールが捕まえられるようになりさえすれば、すぐにでもフェードヒッターになれるでしょう。

ダウンスイングからフォロースルーにかけて、体重がスムーズに左足にシフトできず、左腰が引けてしまい右足軸でスイングしてしまう人は、次のようなイメージで練習すると、正しい体の使い方が理解できると思います。

体の前でクラブのネック部分とグリップ部分を持って、腰や肩を回します。バックスイングで右方向に回すときは、右の股関節の締りを意識します。右ヒザを止めて左肩をアゴの下まで回すと、体重が右足に乗ってくることが体感できるはずです。そこから体重をシフトさせながら、右肩を目標方向に押し込んでいくイメージで左に回転させます。インパクトからフォロースルーまでは「左の股関節の締り」を意識してください。

このようにバックスイングで「右」へ、ダウンスイング以降は「左」へと、両手に持ったクラブを水平に保てるように、肩や腰を左右交互にターンさせてみると、ウェートシフトと体のターンは同時進行であることが実感できます。**体をスムーズに回すことができれば、スイング軸も安定してくる**ということも理解できるでしょう。

私がパワーフェードと言われるボールを打っているときは、肩や腰を左に向けて構えていますが、次のようなイメージで振っています。**アドレスこそオープンになっていますが、スイング軌道はインサイド・イン。**引っ掛けスライスが出るようなアウトサイド・インには決して振っていないのです。

ボールと目標を結ぶ飛球線に対して、肩が開いていれば、バックスイングでは自然に外に上がり、ダウンスイングでは、外から内に振り抜くアウトサイド・インの軌道になります。その軌道に対して、フェースがスクエアにヒットすれば、ボールは左に真っ直ぐ飛んでいきます。開いていれば引っ掛けスライス、フェースが被って当たれば、引っ掛けフックになりますので注意してください。

「パワーフェード」
ショットのイメージ
POINT ①
アドレスでの肩の向きは「左」に！
POINT ②
スイング軌道は「インサイド・イン」を描く

Step 19

テークバック

肩と腕の三角形をキープして体を捻る

曲がりの大きいスライスボールを確実なフェードボールにするには、まず手打ちスイングから「ボディターン」で振るように変えることが先決です。テークバックでは「両肩」「グリップ」そして「クラブ」の一体感を意識してください。両手の小指にクラブの重みを感じるようにグリップしてアドレスすると、両腕の内側に締まりが自然に生まれます。そこで**「両肩」「両腕」「グリップ」で形成された三角形を意識**します。

テークバックでは、グリップが右腰の高さにくるまでは、この三角形をキープしたまま上げます。ここでリストをコックする人も多いようですが、できるだけリストを固めたまま上体の捻転だけでテークバックしてきます。ここまでテークバックした時点で、「グリップエンド」と「ヘソ」の距離はアドレスのときと同じです。小手先だけでバックスイングしてしまうと、この段階からグリップが体から離れてしまい、上体の捻転をスムーズに行えません。スイングのスタートである**テークバックから「上体を捻転させていく意識」を持たなければ、ボディターンでスイングすることはできません。**

RMX
POINT①
グリップが「右腰の高さ」にくるまで三角形をキープする
POINT②
三角形とクラブの一体感でバックスイングしていく

Step 20

切り返し&ダウンスイング

ダウンスイングを打ち急がない

「切り返し」＝「ダウンスイングのスタート」は下半身が先行します。トップまで振り上げたら、まず「左足」を踏み込んでから「左ヒザ」と「左腰」をアドレスの位置に戻し、そのまま「右腰」と「右肩」を一緒にターンさせて、一気にフィニッシュまで振り抜きます。この一連の動きは、野球のピッチャーと同じです。右ピッチャーの場合、まず左足を踏み込んでから上体が遅れてきますが、もし、左足が地面に着く前にボールを投げてしまったら、球威もなく、コントロールだって定まりません。ゴルフスイングもまったく同じです。

しかし、実際にボールを目の前にしてしまうと、少しでも飛ばしたいという気持ちが芽生え、アドレスでグリップに力が入り過ぎたり、スイングリズムがいつもよりも早くなってしまうなどの弊害が生まれます。

とりわけ**最も力んでしまうのがダウンスイングの始動時**です。トップまで上がりきっていないうちにダウンスイングを始めると、右肩が突っ込んで、インパクトでフェースが被ってしまいます。これが典型的な打ち急ぎのミスなのです。

POINT ①
〝下半身先行〟でダウンスイングを始めれば、打ち急ぎのミスは防止できる
POINT ②
「左ヒザ」「左腰」をアドレスの位置に戻してから右サイドをターンさせる
POINT ③
「左足」の踏み込みが最初の動作

Step21

インパクト①

右足前の「仮想ボール」を打つ

ボールをしっかり捕まえてヒットするには、インパクトで肩が開かないようにしなければなりません。肩の開きを抑えるために、私は右足の前にボールを置いて、実際にボールを打つ練習をすることもありますが、アマチュアの皆さんは危険です。そこで、**右足の前にボールがあるつもりで素振りをする**ことをおすすめします。

ボールが右にあると、肩が開いたり、上体が左にスエーすると打つことができません。クラブを内側から入れ、肩が開いていない体勢でなければボールは打てないのです。

この右足前の「仮想ボール」に対してスイングを繰り返すことで、肩の開きを抑えることが身につきます。私が実際にボールを打ってみると、ナイスショットは出ませんが、打ち出しはやや右に出て、その後はドロー回転をしながら戻ってくるボールになります。

スライサーはこのように右にあるボールを打つイメージで行い、反対にフッカーはボールを少し左に置いて打ってみる練習も効果的です。左にあるボールをしっかり打てるようになれば、スイングバランスも良くなってきます。

POINT ①
肩を開かず、左サイドのカベができていれば、右足前のボールは打てる
POINT ②
右足前に「仮想ボール」をイメージする

Step22

インパクト②

インパクトで「左肩」を浮かせない

ボールが目標方向に真っ直ぐ飛び出して、途中から右に曲がる、いわゆるストレートスライスが出てしまうというアマチュアゴルファーも多いようです。曲がりの幅が少なければ飛距離の出るフェードボールとなります。しかし、インパクトでこすったような感触が残るようなショットですと、曲がりが大きければフェアウェイを捕らえることも難しく、やはりスコアメイクにつながらない球筋です。

このタイプのスライサーは、しっかりスクエアに構えて、肩のラインもインパクトゾーンでもスクエアに、時計盤で言うと12時の位置に戻っている人が多いと思います。スイング軌道も正しくインサイド・インで振れているのですが、惜しいかなインパクトでフェースが開いてヒットしているのです。スライスが出ると、アウトサイド・インのカット打ちが原因だと思うアマチュアが多いようですが、**フェースが開いてインパクトを迎えている**という人もかなりいます。

フェースが開いてしまう原因はいくつかありますが、まず「左肩が浮き上がってしまう」

ことが挙げられます。**インパクトで左の腰が伸び上がってしまい、左のワキが空いてしまっている**のです。すると、肩や腰もスムーズに回転せずに、インパクトのタイミングが合わなくなります。

このとき、グリップは正常なインパクトの位置よりも目標方向に出ているはずです。古典的な練習法ですが、ヘッドカバーをワキに挟んで、ワキが空かないようなスイングをしてみてください。ワキが締まればグリップがしっかりアドレスの位置に戻ります。スイング軌道は問題ないスライサーなので、**左肩の浮き上がりを防ぐ**ことさえできれば、ナイスショットの確率が高くなるタイプです。

反対に、ダウンスイングで右のワキの締りがないと、スイング軌道がアウトサイド・インになってしまいます。これを意識して、右ワキを締めて、右ヒジを絞って振り下ろしてくると、今度はクラブが寝た状態で下りてきて、プッシュスライスになりやすくなります。確かにアウトサイド・インの軌道は矯正できますが、フェースが開いてヒットするのでスライスは直りません。極端に右ヒジを絞るのではなく、バックスイングとダウンスイングの軌道が同じようになるように振り下ろすことです。

フェースが開いてしまう原因はまだまだあります。捻転不足や下半身の動きが大きくなり過ぎたりしても、インパクトでの体の開きが早くなってしまうので、フェースが開いてしまい、当然スライスボールになります。この体の使い方が大きいためにインパクト前に左サイドが開いてしまうタイプは、やはり**体の正面でクラブを振る**というセオリーを思い出してください。

また、体重移動が正しくスムーズにできていないと、やはり曲がりの大きいスライスの原因になります。とくにフィニッシュで右足に体重が残る「明治の大砲」でスイングが終わってしまう傾向の人は、腕を振り切ることができないので、左ヒジを引いてボールを打つしかありません。**左ヒジを引くと、ボールにはスライス回転がかかってしまいます。**

師匠の芹澤プロが、このタイプのスライサーにアドバイスする練習法を紹介しましょう。

まず両足を揃えてアドレスします。すると、両足の動きが使えないので、嫌でも腕だけで振らなくてはいけません。腕だけで振ると、ボールは当然引っ掛かって、フック回転のボールが出るはずです。そして右手が「左手の上」にくるような動きが出てきたら、スタンスの幅を少しずつ広げていきます。

正しい体重移動ができずに、右足に体重が残ってしまう人に対して、「腕を振る練習」でアマチュアゴルファーにレッスンするところなど、さすが教え上手の芹澤プロです。

POINT

インパクトで左肩が浮かなければ、肩や腰も開かず、フェースも開かない

Step23

フォロースルー

「左足」で踏ん張り、「右手」のパワーを引き出す

「ゴルフスイングは左手のリードで振る」。昔からよく聞かれるアドバイスです。確かに、バックスイングでは「右手」よりも「左手」を振り上げる意識を持ったほうが上体はよく回って、リズムもスムーズ。ダウンスイングで打ち急いでしまう人にとっても、左手で振り下ろすイメージが適しています。

しかし、**ボールを飛ばすのは「右手」です。**バックスイングからダウンスイングのスタートまでは左手が主体でもいいのですが、インパクトからフォロースルーにかけては、右手のパンチ力が必要不可欠です。ですが、右手首をこねるように打ってしまっては、フェースの向きも変わってしまい、ボールは大きく曲がってしまいます。**右手首の角度は保ったまま、「右腰」「右肩」を同時に回転させてボールを叩くから飛距離が出るのです。**

ダウンスイング後は「左足」が軸足になります。**左足にしっかり体重が乗って踏ん張ることで、右手のパワーをマックスに引き出せます。**左足を踏み込み、左の股関節を左にターンさせながら、右の股関節を目標側に押し込むように、右手でボールを上から叩くのです。

POINT①
左足の踏ん張りがあれば「右手のパワー」を引き出せる
POINT②
左足の裏全体で地面を掴む感じでフィニッシュまで振り切る
RMX
YAMAHA
MUSASHI

Step 24

注意点

クラブを寝かせてはいけない。「プッシュスライス」が出るぞ

同じスライス系のボールでも、右に飛び出して、さらに右に曲がる最悪のスライスボールを「プッシュスライス」、あるいは「押し出しスライス」と言います。このボールが出てしまう人は、俗に「チーピン」と呼ばれる曲がりのひどいフックボールも出て、最悪の日にはゴルフにならないはずです。

実は、これはフッカーにも多い現象です。フック系のボールを打つときには、体のラインを右に向けて、フェースだけを目標に向け、インサイド・アウトに振り抜くのが一応の基本です。しかし、体が右を向いているため、ダウンスイングからインパクトにかけて、腰が止まってしまい、窮屈になる傾向があります。

これを解消するためには、**スタンスをオープンにし、腰をスムーズに回せばいい**のです。

皆さんが今まで読んだ教科書には、フック系のボールを打つときには、「クローズドスタンスにして、腰、肩も同じように右を向いてインサイド・アウトに振っていく」と書いてあることでしょう。

ですが、再三述べているように、球筋は肩のラインで決まるので、スタンスをオープンにしても構わないのです。

私も若い頃は、ジャンボ尾崎さんのスイングに憧れ、オープンスタンスでドローボールを打っていました。このボールはよく飛んでいましたが、ちょっと調子が悪く、スイングリズムやタイミングがズレてしまうと、最悪のプッシュスライスが出たり、チーピンが出たりして、ゴルフがメロメロになってしまいました。

フック系のボールを打つときは、下からアッパーブローにカチ上げるイメージが強いため、ダウンスイングで左腰が飛球方向に流れ、左肩が下がり過ぎてしまうからです。すると、ヘッドは極端にインサイドから低く下りてきて、クラブが寝てしまい、フェースが開いた状態でインパクトを迎えてしまいます。

当然、そのまま打てば、右に飛び出し、さらに右に曲がる大スライスボールになります。本能的にリストを返せば、チーピンになります。2つの最悪の球筋のボールも出てしまうという人たちの原因がこれで理解できたでしょうか。

大事な場面でプッシュスライスやチーピンが出てしまう人は、**ダウンスイングでクラブを寝かさないように注意する**ことです。つまり、ダウンスイングで右肩が下がらないようなスイングをしなければいけません。

トップの位置から右肩をレベルに回転させてください。**首の付け根から背骨にかけての「スイング軸」に対して、右肩を平行にターンさせる**のです。それには、左足を軸足にして、「右肩」「右腰」「右手」を一緒に動かしていくイメージを持つといいでしょう。

ここで効果的な練習法をひとつ紹介いたします。まず、スクエアなスタンスをとったら、右足を後ろに下げて、クローズドスタンスに構えます。これは左足を軸にスイングするためです。この体勢をとると、ダウンスイングで右肩が下がってしまうと、絶対に打てないということが体感できます。

アッパーブローにボールをヒットする傾向が強い人は、右肩が左肩よりも高いイメージがないと上手く打てないでしょうが、このクローズドスタンスのスイングで、肩や腰がレベルターンすることが可能になります。体の捻転を使い、クラブを立て、「上から打ち込む」意識でボールをヒットします。

前項でレッスンしたように、左足を軸にして、右肩と左肩を入れ替えるようなイメージでターンすると、ダウンスイングでクラブも寝なくなるはずです。

POINT

クラブが寝た状態で下りてくると、大スライスも大フックも出てしまう。右肩が下がらないスイングを意識する

Step25

練習法①

左足を踏み込んで下半身のリードを覚える

下半身を上手に使うことが、飛距離アップにもつながるということはもう理解できたことでしょう。だからといって、大きく使い過ぎ、「上半身」とのバランスが崩れてしまってては本末転倒です。そこで、下半身の正しい動きをマスターする練習法をひとつ紹介します。レベル1の章でも少し説明しましたが、それは「1本足打法」です。実際にボールを打ってもいいですし、素振りを繰り返すだけでも、正しい下半身の動きがよくわかるはずです。

まず、通常のアドレスから左足を浮かせて、トップでは右足1本で立ちます。そして、左足を踏み込んだら、切り返して一気にフィニッシュに向かいます。この練習で重要なポイントは、トップで右足に全体重を乗せることではなく、**下半身を左にシフトさせる感覚を掴むこと**です。通常のスイングと同様に、ダウンスイングで体が開かずに、頭がアドレスの位置よりも左に流れないようにして、下半身を左へ移動させて踏み込む感覚を知ることが目的です。左腰を平行に動かす意識を持って、バックスイングでスエーせずに、ダウンスイングで体が開かず、頭が左に流れないように振ってみましょう。

POINT ②
左足の踏み込みによって、上体と手が一体化して動き出す
POINT ①
左足を踏み込んで下半身が左に動く感覚を体感するには、「１本足打法」の素振りが効果的だ
RMX
inpres
DELTA

Step 26

練習法②

あえて「右端寄り」の打席で練習する

皆さんが普段利用されている練習場では、どの辺りの打席で打つことが多いでしょうか。空いていれば、大抵の方は中央付近の打席を選んでいることでしょう。ですが、曲がりの大きいスライスを直すことが目的ならば、なるべく右端の打席は避けるべきです。ネットがすぐ近くに迫っているため、「本能的にボールを左に引っ張り込んでしまう」ような打ち方になって、左腰が引けて、アウトサイド・インのカット打ちになってしまうからです。反対の左寄りの打席のほうが、インサイド・アウトの軌道になりやすく効果的です。

ただし、曲がりが少ない**フェードボールのスキルアップの練習をするならば、右端の打席**をおすすめします。

まず、実際のホールロケーションを思い浮かべてください。そして、フェアウェイのセンターを設定し、そこから「10ヤード左」に仮の目標をつくって打つのです。ティグラウンドの右端からフェアウェイ左サイドを狙うのがフェードヒッターですので、そのためのシミュレーションとも言える実践練習です。

POINT

練習は漠然とボールを打つのではなく、ホールロケーションをイメージしながら打つといい

Step27

2つの弾道

小柄な人は「低弾道」、大柄な人は「高弾道」を目指そう

プロゴルファーは、大体4種類の球筋を打ち分けています。「高弾道のフェード」と「低弾道のフェード」、「高弾道のドロー」と「低弾道のドロー」です。

私の持ち球はフェードボールですが、「ホールロケーション」や「風の向き」、あるいは「トラブルショットのようなやむを得ない状況」では、フック回転のドローボールを打つこともあります。

プロの世界では、私は小柄で非力の部類に入りますから、**体のターンや腰のキレで飛距離を出す方法がいちばん楽**なのです。ですから、無理なく打てる低弾道のフェードボールをメインにしています。

その点、背が高くて、背筋が強いゴルファーであれば、高弾道のフェードボールを打つことができます。「チーム芹澤」で普段一緒に行動している、宮本勝昌君がその典型です。彼は、私とほぼ同時期に芹澤門下生となり、やはりドローヒッターからフェードヒッターに転向した仲間です。

ゴルフファンであればご存知のように、宮本君のフェードボールは、非常に高弾道です。アドレスはオープンに構え、肩も腰も目標の左に向けていますが、スイング感覚はインサイド・インの軌道で振り抜いています。

私と宮本君のスイングの相違点は、インパクト後もクラブが立って、高いフィニッシュで終わっているところでしょう。

私は「クラブを縦に上げて、横に振り抜く」というスイングイメージですが、宮本君は「縦に上げて、縦に振り抜く」というスイングイメージです。トップの形とフィニッシュの形が左右対称とはいえ、私に比べて縦型のアップライトなスイングなのです。

「左足を軸にして、右腰と右肩を回転させてスイング」する点では同じと言えますが、私のように上からボールをヒットさせる感覚は持っていないそうです。むしろ、**インパクトで体重を右に残すようにアッパーブローにボールをヒット**しています。そのため高い弾道となって、キャリーの大きいパワーフェードを打っているのです。

宮本君は、元来高弾道のドローヒッターでしたし、筋力もあるゴルファーです。彼に近い体型や筋力の持ち主であれば、アマチュアでも高弾道のフェードボールを打つことは可能です。

POINT

同じ芹澤門下生のフェードヒッターである宮本勝昌は「縦に上げて、縦に振り抜く」イメージ。私は「縦に上げて、横に振り抜く」イメージ

レベル 3

〝フェアウェイウッド&アイアン〟にも覚える順番がある

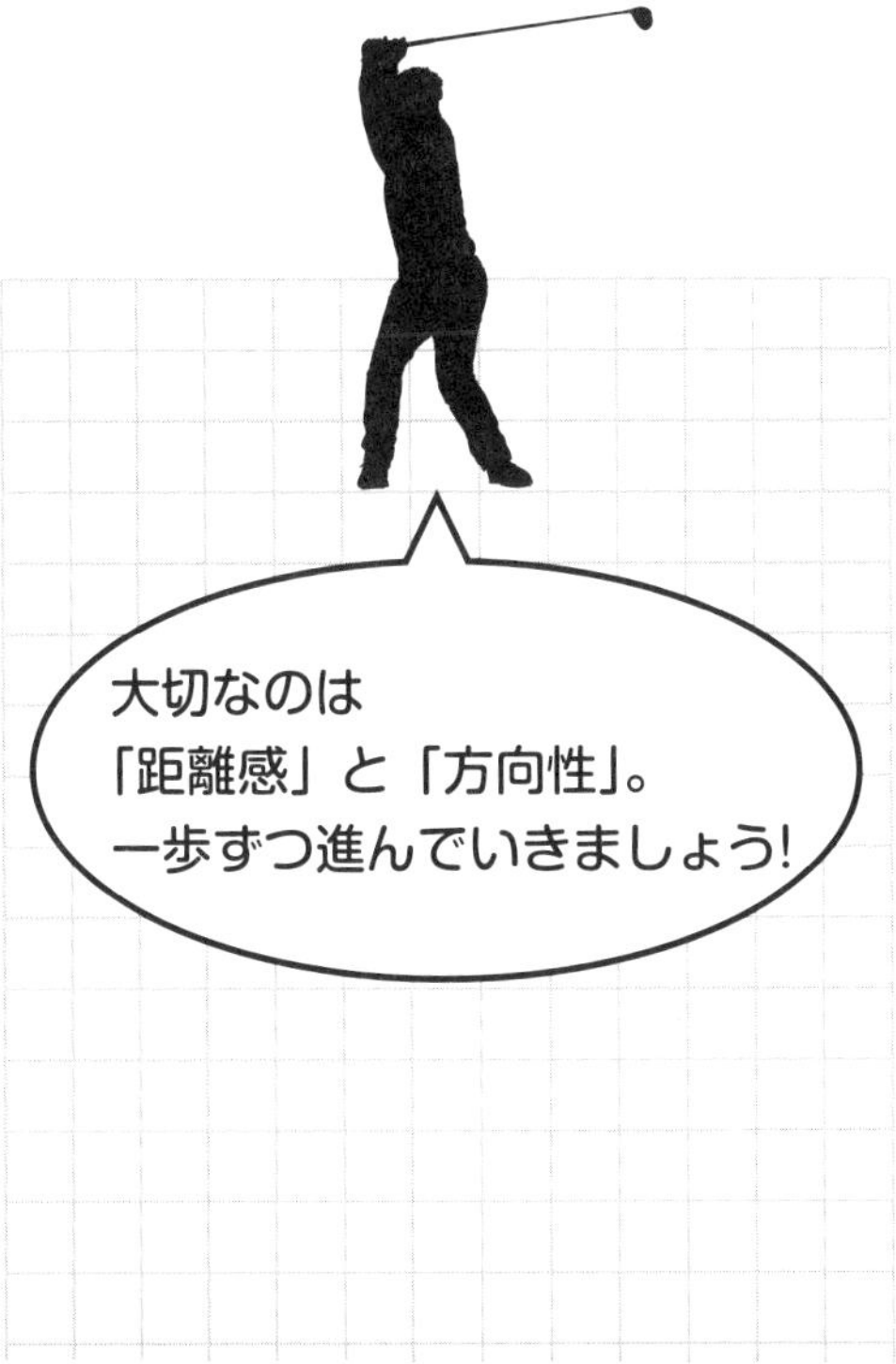
大切なのは
「距離感」と「方向性」。
一歩ずつ進んでいきましょう!

Step 28

ボールの位置

どの番手でもボールの位置は「左カカト前」に置く

ドライバーショットの場合、「ボールの位置」は左足カカトの内側。これは、ビギナーでも知っています。そして、番手が短くなるほど、スタンスの中央寄りにセットしていくというのが一般的です。しかし私の感覚としては、**ボールの位置はドライバーでも、いちばん短いサンドウェッジでも、すべて左足カカトの延長線上**にあります。

番手が小さくなるほど、スタンスの幅は狭く、スタンスのオープン度は大きくなるので、「体」と「ボール」の距離は近くなります。見方によっては、短くなるにつれて、ボールの位置が中央寄りになっているかもしれません。ですが、やはり感覚としては、ボールは左足カカト線上にあります。

その理由は単純です。**ボールの位置をひとつに決めておいたほうが、アドレスで迷いが生じない**からです。私のように「右腰と右肩をターンさせてスイングするタイプ」のゴルファーは、左に振り抜いていくイメージで、ボールを上からヒットしやすいという点においても、**左足カカト線上がベストポジション**なのです。

POINT

番手が短くなるほど、スタンス幅は狭くなるが、ボールポジションは感覚的に同じ場所に置く

Step 29

フェアウェイウッド①

「飛ばす」ではなく、「運ぶ」イメージで打つ

アマチュアだけでなく、プロの世界でも、近年は「ロングアイアン」をバッグに入れている人は少なくなりました。その代わりに7番ウッドや9番ウッドという「ショートウッド」や「ユーティリティ」を入れるというのが、一般的なクラブセッティングです。

しかし、これらのクラブをアマチュアの皆さんが上手く使いこなせているかというと、相変わらず苦手にしている人が多いようです。とくに、フェアウェイウッドでミスショットを繰り返している人は、「少しでも飛ばしたい」「ボールを上げたい」という思いが原因で、力んだり、しゃくり上げたりする〝手打ち〟になっています。

「飛距離を出そう」と力んで手打ちになれば、体のターンは使えません。逆に、飛距離をロスしてしまいます。400ヤードを超える長いパー4なら「花道」へ、パー5のセカンドショットならば、「サードショットが打ちやすいエリア」へ〝運ぶ〟というイメージを持つべきです。「200ヤードのアプローチショット」だと考えを変え、無理のないスイングを心がけてください。その結果、ミート率がアップし、飛距離も方向性も向上するのです。

POINT ①

「飛ばそう」「上げよう」という意識が、フェアウェイウッドでの“ミス”の最大の原因。ボールを狙ったエリアに運ぶ意識でスイングは変わる

POINT ②

「200ヤードのアプローチショット」と考えて、打つ！

「目線を低く」とってアドレスする

芝の上のボールを直接打つのが、フェアウェイウッドショットです。ティアップしているドライバーショットなら「アッパーブロー」にも打てますが、フェアウェイウッドでそれをやったら、ボールの手前をダフります。トップの場合も、手前の地面にクラブが一度ダフった後に、ボールにヒットしているので、ダフリもトップも実は同じ原因のミスショットです。これも「**ボールを上げたい**」**という意識がもたらすミス**でしょう。

フェアウェイウッドは、スイング軌道の最下点でボールをヒットする必要があります。縦に振り上げ、横に振り抜く。そして、フォロースルーを低く出していくようにすれば、ミート率はアップします。これはフェードヒットと同じ感覚です。

そのためには、アドレスで「目線を低く」がポイントとなります。ボールを上げようと意識すると、本能的に目線が上を向いてしまいます。当然、右肩が下がった構えになり、すくい打ちにつながります。**目線を低くすれば、両肩の高さも自然と同じになり、レベルターンもしやすくなります。**最下点でヒットできる確率がグンと高くなるのです。

POINT
目線を「水平」、あるいは
それよりも「低く」すると、
両肩の高さが同じになり、
レベルターンしやすくなる
RMX
YAMAHA

「右ヒザの角度」をキープして、「左」に振り抜く

最近のフェアウェイウッドは、フェースが薄いシャローフェースのモデルが主流となり、以前よりもボールが上がりやすい構造になっています。しかし、芝の上のボールをクリーンにヒットするのは、口で言うほどやさしくはないと思います。

スイングの最下点でしっかりボールだけをヒットするには、「スイング軌道」がポイント。インサイド・インの軌道が理想です。ダウンスイングで右腰が前に出ないように我慢できれば、クラブはインサイドから下りてきます。右腰が前に出てしまうと、クラブはアウトサイドから下りてきてしまうのです。そこで意識してもらいたいのが、**フォロースルーを「左」へ振っていく**ことと「**右ヒザ**」**の角度をキープする**ことです。

背骨の軸に対してしっかり回転すれば、ミスは少なくなります。**アドレス時の**「**右ヒザの角度**」**をインパクトまで変えないように意識する**だけで、下半身が安定して、体がスムーズに回転して、ミート率が高くなるはずです。

POINT①
フォロースルーを「左に振り抜いていく」意識を持つと、ボールをしっかり捕らえる確率が上がる
POINT②
アドレス時の「右ヒザの角度」をキープする

Step 32

クラブ選択①

ラフからは「ショートウッド」か、「ユーティリティ」を選択する

ラフでフェアウェイウッドを使用する場合、「ライの見極め」が必要です。ボールが芝の上に浮いていれば、ティアップされた状態と同じですので、「スプーン」も使えますが、ボールが沈んでいれば、ロフト角の少ない長いクラブは芝の抵抗が強く、ボールは上がらず、飛距離も出ません。芝目が順目ならば、多少ボールが沈んでいてもヘッドは抜けますが、逆目のライではラフが短くても「抵抗力」が大きいと判断してください。

また、フェアウェイウッドを使えそうもないからと、**安易にアイアンを選択してはいけません。**ロングアイアンはもちろん、ミドルアイアンでも芝の抵抗を大きく受けますので、抵抗を受けにくく飛距離も出る7番、9番といった「ショートウッド」、あるいは「ユーティリティ」を使用したほうが結果はいいはずです。

とくに非力な人や女性ゴルファーは、ショートウッドの使用をおすすめします。打ち方は、**ヘッドを払うように「水平」に振り抜いていく**イメージです。上から打ち込んでしまうと、ボールの下の空間にヘッドが入ってしまい、飛距離が出ません。

POINT

ラフからは「ライの見極め」が大事。アイアンよりも芝の抵抗を受けないショートウッドやユーティリティが有効のケースも多い

Step33

クラブ選択②

「飛距離を出したいから」と、むやみに「スプーン」を使ってはいけない

「スプーン」はドライバーの次に長く、ロフト角が立っているクラブです。芝の上のボールを直接打つわけですから、アマチュアゴルファーにとって、14本のクラブの中で最も難易度の高いクラブではないでしょうか。それは、プロも同様です。スプーンで打つことのできる条件が満たされていなければ、私も使用しません。

その条件のひとつは、「いいライ」であること。ボールが芝の上に浮いていて、極端な傾斜地でない絶好なライならばスプーンを使います。しかし、**少しでも沈んでいたり、足場が不安定な傾斜地では、5番ウッドや7番ウッドを選択**します。

もうひとつの条件は、パー5のホールで「2オンが狙える距離のとき」と「ティショットをレイアップしたほうがベター」というホールです。単純にパー5のセカンドショットだからといって、スプーンをいつも使うわけではありません。2オン狙いが可能ならチャレンジしますが、ただ距離を出すためにスプーンを持つことは、リスクが大きすぎます。スプーンというのはそれほど難しいクラブなのです。

POINT
「スプーン」を使うときは、絶好なライからでない限り、打ちこなすのが難しいということを認識しよう

Step 34

アイアンショット①

アイアンショットは「飛ばさない」「上げない」という意識が重要！

最近では、「ロングアイアン」をキャディバッグから抜いているゴルファーが多く、アイアンの中では、いちばん長くて難しいクラブが「5番アイアン」という時代になりました。

アイアンショットは、グリーンに直接乗せたり、ピンに寄せることが目的。ですから、**アイアンは自分の思い描いた飛距離をイメージ通りに打つクラブ**なのです。ところが、この基本的なことを、いざコースに出ると忘れてしまうアマチュアが多いように思います。それは、「飛ばしてやろう」「ボールを上げよう」という欲が出るからです。

ドライバーショットと同じように、アイアンショットも目一杯振り回すという人が結構います。アイアンは**7〜8割のスイングで十分その機能を発揮するクラブ**ですが、ボールを目の前にすると、自然と力が入ってしまうようです。アマチュアの場合、いい結果を期待しすぎていることが、アイアンショットを難しくしている原因ではないでしょうか。

私たちプロも「30〜40パーセント」はグリーンに乗らずにミスをしていますが、「飛ばしてやろう」「ボールを上げよう」などとは考えていません。**軸をキープして、リズム良く、**

ゆったりスイングすることに集中しているため、それなりの結果を出せるのです。

「飛ばそう」と意識すると、インパクトでリストを返してしまい、左に引っ掛けます。「上げよう」と意識すると、ダウンスイングで右肩が下がってしまいます。それを無意識にアジャスト（調整）しようとするため、ダウンスイングで頭が下がり、右肩が突っ込み、「ダフリ」「トップ」「チョロ」など、様々なミスショットの原因となるのです。

イメージ通りの距離に運べばいいのですから、まずは**飛ばそうとは思わない**こと。残り距離に適したロフト角が十分あるのですから、**ボールを上げようと思わない**こと。アイアンを手にしたら、まず、この2つを頭に思い描いてください。

アドレスに入るときは、ボールの後方から目標を確認し、これから打つショットの「球筋」を明確にイメージします。そして、目標とボールを結ぶ線上に「スパット（目印）」を設定します。スパットは枯れ芝でもディボット跡でもOKです。ボールの前方30センチくらいの場所に設定することで、ラインのイメージがより鮮明になり、球筋に合ったアドレスをつくることができます。どんな番手でも、どんな状況であっても、このようなセットアップをしてから、アドレスに入りましょう。大きなミスにはならないはずです。

POINT①
「飛ばそう」「上げよう」
という意識は不要！
POINT②
ボールの前方30セ
ンチに「スパット」
を設定する
スパット
（目印）

POINT ③

アイアンショットは、7～8割の“ゆったりしたスイング”をすることで十分クラブの機能は発揮できる

Step35

アイアンショット②

「左足体重」で「ハンドファースト」に構え、上から打ち込む

アイアンショットは残り距離に対して、「正確な距離感」が求められます。そのために番手通りのロフトでボールが上がらなければいけません。それには上からボールをヒットする、いわゆる「ダウンブロー」でボールを打つことが必要です。

上からボールをヒットするためには、アドレスは左足体重で、ハンドファーストに構えます。ハンドファーストの度合いを強くするほど、上から強く叩くことができます。バックスイングでも左足体重はキープしたままにして、ダウンスイングからインパクトにかけては、ボールを潰して、地面に埋め込むくらいの意識で上から叩きます。

ただし、頭が左に動いて、上体が突っ込んでしまってはいけません。それを防止するために、**インパクトでは頭をアドレスの位置に止める意識を持つ**といいでしょう。この打ち方をマスターすると、ボールを上げようとするすくい打ちによるミスもなくなります。

ボールを上げたいときは、逆に地面に埋め込むイメージを持つのです。この逆転の発想が、ゴルフの面白い部分であり、難しい部分でもあるかもしれません。

POINT ①
インパクトでは「頭をアドレスの位置に止める」意識が必要
POINT ③
ボールを上げたいときは地面にボールを埋め込むイメージ
POINT ②
スイングの最下点の手前でボールをヒットするから、ボールの左側のターフが取れていく

Step 36

アイアンショット③

30ヤードのアプローチショットで「ボールを曲げる球筋」をつくる

アイアンショットの締めに、ドローやフェードなど「ボールを曲げる球筋」をつくる練習法を紹介しましょう。それは「30ヤードのアプローチショット」で行う方法です。フェースを目標に向け、スタンスの向きを変えることで、スイング軌道も変えて、スライス回転やフック回転を与えるのです。

ストレートボールを打つ場合は、スタンスはスクエアにします。そのスタンスに沿って、体の左右に扇形のスイングプレーンを描くように、左腰から右腰までの振り幅で30ヤードのアプローチショットを打ちます。これが基本のショットとなります。

ドローボールを打つ場合は、フェースは目標をスクエアに合わせます。そして、スタンスをクローズドスタンスにし、ストレートボールのときと同様に、スタンスの向きに沿って、扇型のスイングプレーンを描くように打ちます。フェースは、目標に向けたままです。スタンスに沿って振るので、スイング軌道は当然「インサイド・アウト」になります。これにより、ボールに「フック回転」がかかります。

フェードボールを打つ場合は、その逆を行います。フェースは、やはり目標に対してスクエアに合わせます。そして、スタンスをオープンスタンスにし、そのラインの向きに沿った扇型のスイングプレーンを描くように打ちます。すると当然、「アウトサイド・イン」の軌道になります。自然にカット打ちとなり、「スライス回転」がかかるのです。

大きなスイングになると、スイング軌道はなかなか実感しにくいのですが、30ヤードという小さなアプローチショットの動きで、インサイド・アウトやアウトサイド・インの軌道を体感しておけば、大きいショットにも移行しやすいはずです。

この練習で理解してほしい点は、手や腕の動きでスイング軌道をつくるのではなく、**スタンスの向きに沿って打つことで、スイング軌道が変わる**こと。実際には、スタンスの向きではなく、肩のラインの向きがスイング軌道を変えていることを理解してください。

肩のラインの向きにボールは飛び出し、フェースの向きにボールが戻ってくる。繰り返しますが、これがゴルフスイングのメカニズムです。大きなスイングになると、フェースが開いたり、被ったりしてヒットするため、曲がりの大きい球筋になるのです。まずは小さいショットで、「ボールを左右に曲げるメカニズム」を実感してみましょう。

「ボールを曲げる」
30ヤードのアプローチショット
POINT①
「右腰」から「左腰」
の高さにスイング
30ヤード

POINT②

「インサイド・アウト」「アウトサイド・イン」の軌道をつくることで、フェードとドローを打ち分ける

Step 37

スイングチェック

7番アイアンで100ヤードを打ち、スイングをチェックする

ウッドショットに比べ、アイアンショットはクラブが短い分扱いやすいので、手先だけで打ってしまいがちです。そこで、「しっかりボディターンで打てているか」のチェック方法をこの章の最後にレッスンしたいと思います。

キャディバッグから7番アイアンを取り出してください。フルショットではなく、「100ヤード」の距離を打つ練習です。当然、コントロールショットで打たなければ、100ヤードの距離を打つことはできません。通常、私の7番アイアンでのフルショットの飛距離は「160ヤード」です。それをあえて、「100ヤード」に抑えて打つのです。

「手」「腕」「上体」を一体化させたボディターンを意識して、フェースをスクエアにキープしたままスイングすることが基本。そして、「スイングスピード」や「スイングの振り幅」をいろいろ組み合わせながら、100ヤード地点にボールが集まるようになれば、ボディターンがしっかりできているという証拠になります。

スイング幅は「右腰」から「左腰」まで、時計盤で言えば「9時」から「3時」までく

らいのハーフショットになるはずです。**アドレスの手の位置をキープしたまま、「回れ右」「回れ左」の要領でスイングします。**

最初は狙ったライン上を真っ直ぐ飛ばすのが目標です。ライン上をクラブが通過していくイメージで打つことで、正しいスイングプレーンができてきます。この練習では「ボールをしっかり捕まえよう」という意識は不要です。捕まえようという意識が強いと、スイング軌道やフェース面の向きが狂いやすくなるからです。

この練習でスライスボールが出ることはないでしょうが、「左に飛んでしまう」という人は多いはずです。それはボディターンではなく、手先で打っている証拠です。

私の理想のゴルフスイングは「でんでん太鼓」のようなスイング。体をクルッと回すことで、ひもの付いたバチである腕も自然についてくるようなスイングです。「回れ右」で体を回せば、勝手に腕がついてくるようなバックスイングになり、「回れ左」で体を回せば、腕が遅れて勝手に下りてくるようなスイングが、ボディターンの理想のスイングです。

この「でんでん太鼓スイング」を体感できるのが、7番アイアンでの100ヤードショットなのです。

POINT

「7番アイアン」で100ヤードの距離を打つには、必然的にハーフショットになる。それを体のターンで打つようにする

レベル 4

“ショートゲーム”にも覚える順番がある

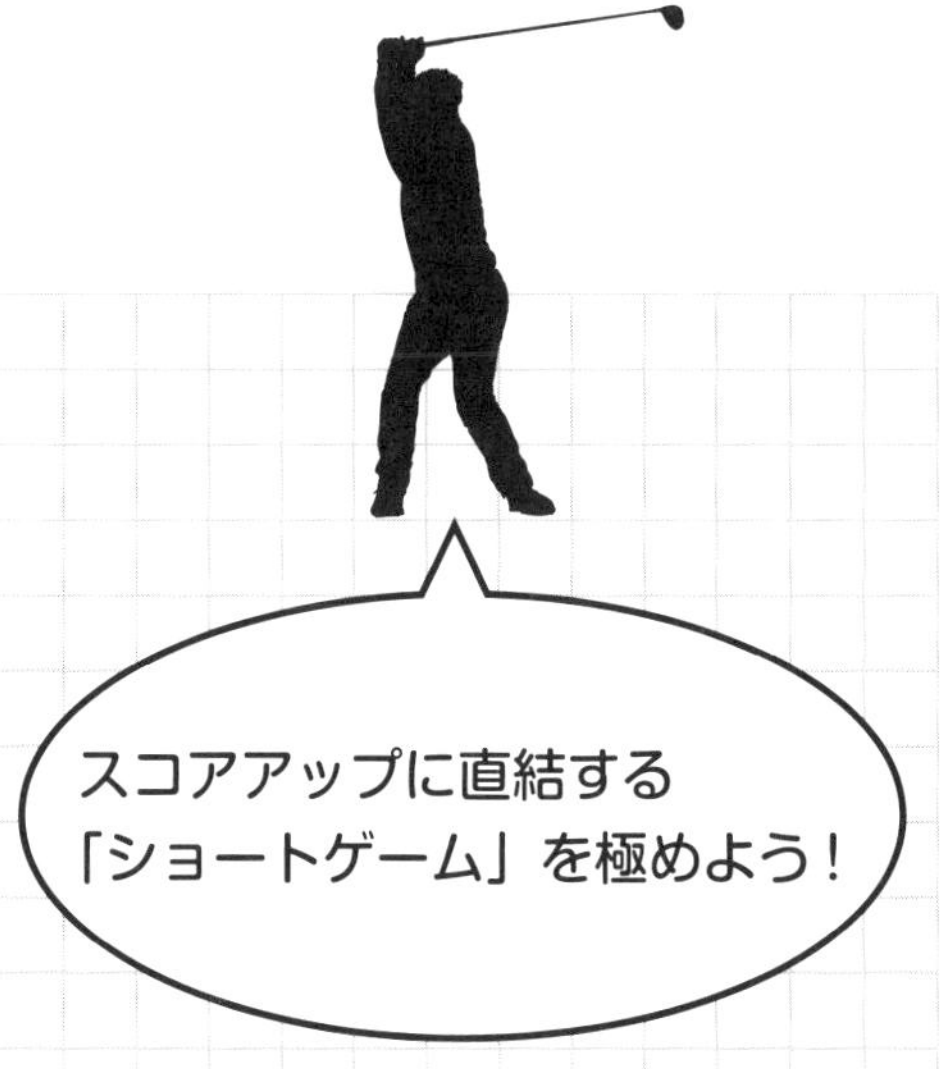
スコアアップに直結する
「ショートゲーム」を極めよう！

Step38

バンカーショット①

「フェース」→「グリップ」→「スタンス」の順番でアドレスする

バンカーショットに使用する「サンドウェッジ」は、他のアイアンと比べると、特殊な形状をしています。ソール部分が他のクラブよりも丸くなっており、これを「バンス」と言います。バンカーショットは「エクスプロージョンショット」とも言われ、ボールを直接打たず、**ボールの手前の砂を爆発させる**という特殊なショットです。

フェースで打つ意識は不要。**ソール部分をボールの下に打ち込んで、振り抜く**イメージのショットです。つまり、サンドウェッジ特有のバンスを利用することが、バンカーショットを簡単にするポイントになります。

芝と違い、砂に打ち込むショットですので、インパクトでの抵抗が大きくなります。ですから、**ピンまでの距離よりも大きなスイングでしっかり打ち込まなくてはいけません。**

まず、フェースをピン方向に向け、そのままフェース面を上に向けるように開きます。それからグリップし、スタンスのオープン度を決めます。これが、バンカーショットの「アドレスの順番」で、他のショットと異なる点です。

POINT
「フェース」を開いた後に、「グリップ」と「スタンス」を決める
②
③
①

Step 39

バンカーショット②

左足体重のままアップライトで振り抜く

バンカーショットのバックスイングは、**通常よりもクラブを立てるように「縦に上げ」、ダウンスイングも「縦に下ろす」というアップライトなスイング**をします。通常のバンカーショットでは、意識して「アウトサイド・イン」の軌道でスイングしているわけではありません。

オープンスタンスにアドレスしますが、気持ちの上では「インサイド・イン」の軌道で振っています。オープンスタンスをとっているので、自然にヘッドが飛球線の外から入ってきて、内側に振り抜かれます。それによって、ソールがスムーズに滑り、ボールの下の砂が薄く取れるのです。

イメージとしては、**クローズドスタンスで、左足軸でスイングする感覚**です。

ボールを上げようとしゃくり上げたりすると、右足に体重がかかり右肩が下がったりしてしまいます。バンスを活用できなくなりますので、一発脱出が難しくなります。

POINT

オープンスタンスに構えているが、気持ち的には「クローズドスタンスで左足軸の縦振りスイング」をイメージする

Step40

バンカーショット③

転がすときは「インサイド・アウト」、止めるときは「アウトサイド・イン」に振る

コツさえつかめば、アマチュアゴルファーでもバンカーショットはやさしいショットと言えます。問題は、「距離のコントロール」でしょう。

距離のコントロールは、フェースとスタンスの「オープン度」で行います。フェースを開けば開くほど、ボールは飛ばなくなります。

フェースを開くのは、前述のとおり「バンスを有効に生かす」ため。フェースを開くほど、ボールが右に飛び出しそうな気がするでしょうが、その感覚がなくなるくらい左を向くオープンスタンスをとります。このスタンスに沿って、クラブを上げ、同じ軌道で振り下ろす。ヘッドを落とす場所は、ボールの2~3センチ手前です。

バンカーショットは出すだけならやさしいのですが、「ピンまでの距離がある場合で、ボールをグリーンに落としてから転がしていきたい状況」と、「ピンが近く、高く上げて止めたい状況」、この2つの対応は覚えてください。

まず、比較的ピンまでの距離があるケースです。サンドウェッジでのエクスプロージョ

ンショットの限界距離は「約30ヤード」。それ以上の距離になると、アプローチウェッジやピッチングウェッジで対応しなければなりません。

グリーンに直接落としてから転がしていきたい状況では、ボールを通常のショットよりも右に置いて、右を向きます。そのスタンスに沿って、クラブを振り抜きます。ボールを右に置いて、右を向いてショットすれば、当然スイング軌道は「インサイド・アウト」になります。その結果、ボールにフック回転がかかり、勢いのある、よく転がるボールになります。

反対に、ピンまでの距離が短く、高く上げてスピンをかけて止めたい状況では、まずフェースを大きく開きます。やはり、ボールが右に飛び出しそうに見えると思いますが、その感覚がなくなるくらいのオープンスタンスをとります。そのスタンスに沿って、上からヘッドを入れるような意識を持って、「アウトサイド・イン」の軌道で打てば、ボールは高く舞い上がります。

また、**極端なオープンフェースにすると、「グルーブ（フェースの溝）」が広く使えるため、バックスピン量も多くかかって、ボールがグリーンに着地してからピタリと止まる**ショットとなります。転がすときはインサイド・アウトの軌道で、止めるときはアウトサイド・インの軌道でというように、残り距離や状況によって打ち分けましょう。

「ピタリと止める」バンカーショット

POINT ①

バンカーからの距離のコントロールは「フェースの開き具合」と「スタンスのオープン度」で調節する

POINT ②

スタンスに沿って上からヘッドを入れる意識を持ち「アウトサイド・イン」の軌道で打てばボールは上がる

Step41

バンカーショット④

アプローチ感覚でカットに振り抜く

アマチュアゴルファーが大叩きをしてしまういちばんの原因は、バンカーや池というようなハザードに捕まったときです。「バンカーから何度打っても脱出できなかった」という苦い経験を持っている方も多いことでしょう。そんなバンカー恐怖症の人にコツを伝授いたします。それは**難しく考えずに、アプローチショットの感覚で打つ**ということです。

バンカー内は足場が不安定なので、まず、両足の裏に砂をピタッと吸い付けるイメージで、下半身をどっしりと安定させてください。「左足を軸にして、腰と肩のレベルターンで砂に打ち込む」という基本的な体の動きは、他のショットと同じです。バンカーショットは、ボールを直接打たないので特殊なショットと思われがちですが、**スイングイメージは、フェードボールを打つショットと同じ**であると思ってください。

意識的にアウトサイド・インのカット打ちをしようとすると、インパクトからフォロースルーにかけて、左ヒジが引けてしまい、ミスの原因になります。また、「鋭角的に上から打ち込もう」と意識すると、ヘッドが砂に深く入り過ぎてしまいますので要注意！

POINT

バンカーショットを「特殊なショット」と考えず、「通常のアプローチショット」のつもりで打つといい

Step42

アプローチショット

ボールの位置で「上げる」「転がす」を打ち分ける

ここからはアプローチショットのレッスンです。

グリーン周りからのアプローチには、様々な状況があります。それらに対応するショットには、最初から転がしていく「ランニング・アプローチ」、上げて転がす「ピッチ&ラン」、上げて止める「ピッチショット」の3つがあります。

「ボールからエッジまでの距離」や「ピンまでの距離」「グリーンのアンジュレーション」などを考慮して、「どのショットを選ぶか」を判断しなくてはいけません。「的確なジャッジ」を求められるのが、アプローチショットなのです。ですが、**3つのアプローチショットの違いは、実はボールの位置だけ**です。

3つのショットのスタンスは、両足を揃えるくらい狭くします。転がす場合は、ボールの位置をスタンスの中央よりも右に置き、ハンドファーストに構えます。上げて転がす場合は、スタンスの中央にボールをセットします。上げて止めたい場合は、オープンスタンスの度合いを強めて、ボールを左足寄りに置くだけで、ボールは上がりやすくなります。

POINT ①
PWやAWなど1本のクラブで打ち分けることもできる
POINT ②
3つのアプローチショットは、「ボールの位置を変えるだけ」で打ち分けることもできる
POINT ③
スタンスは両足を揃えるくらい狭くする

Step43

ランニングアプローチ①

アドレスでインパクトの形をつくっておく

アプローチショットの中では、ボールを上げて寄せるショットよりも、最初から転がして寄せる「ランニングアプローチ」が、技術的にも簡単です。ミスになりにくいという点からも、ピンに寄る確率も高い寄せ方でしょう。

使用クラブは、ウェッジよりも**ロフトが立っている7番や8番アイアンが無難**です。それはパッティングに近い感覚で打てて、距離感が出しやすいからです。しかし、ピンまでの距離が近い場合やダウンヒルでボールの転がりを抑えたい場合は、9番アイアンやピッチングウェッジを使用するといいでしょう。エッジまでの距離が短く、ライの状況がグリーン面とそれほど変わらないのなら、パターで寄せるという選択がベストです。

アドレスはスタンスを狭め、軽くオープンに立ちます。ボールは右足の前に置くと、ハンドファーストの構えになり、クラブのロフトも自然に立って、転がしやすくなります。このアドレスでの形はインパクトの体勢でもあります。インパクトをイメージしたら、**両手首と下半身を固定して、パッティングの要領で打てばいい**のです。

ランニングアプローチ

POINT ①

ボールを右足の前に置いて、ハンドファーストに構える。インパクトのイメージをしてから打つ

POINT ②

使用クラブは、7番か8番アイアン

Step44

ランニングアプローチ②

「カップ」よりも「落とし場所」に意識を集中する

ランニングアプローチで転がすといっても、最初の打ち出しは、多少ボールは上がります。仮に、ボールからピンまで10ヤード、エッジまで1ヤードという状況では、「2ヤードキャリーを出して、8ヤード転がす」という計算をします。ボールを上げる必要性がまったく感じられないのであれば、パターを使うべきです。

アプローチショットは、目的地であるピンが目前のため、アドレスに入ると、どうしても意識がピンの位置に集中してしまいがちになりますが、この場合は2ヤード先の「ボールの落とし場所」に意識を集中してください。これはランニングアプローチだけでなく、ピッチ&ランでも同じです。

ショートアプローチやショートパットのように、カップまでの距離が近くなるほど、本能的に結果が気になり、どうしても顔が早く上がってしまいます。グリーン上の傾斜を確認し、**ラインがイメージできたら、「大体あの辺りにボールを落とせばいい」という場所に意識を集中**しましょう。そのほうが、「寄る確率」は断然高いのです。

ランニングアプローチ
POINT
カップに意識があると、本能的にヘッドアップしやすくミスにつながる。ボールの落とし場所に意識を集中させる
落とし場所

Step45

ピッチ&ラン①

「打ち方」を変えずに「番手」を替える

ランニングアプローチは、その呼び名の通り転がしが主体の寄せ方ですので、転がりが多くなるようにボールを右足寄りに置き、ロフトの立った7番や8番アイアンなどを使用すると説明しました。ある程度ランを抑える「ピッチ&ラン」は、9番アイアンやピッチングウェッジなどのロフトが多めのクラブを使います。

打ち方は、アドレスでボールをスタンスの中央に置くだけで、あとはランニングアプローチと変わりません。ボールの落とし場所までの距離が長くなるので、スイングの振り幅が多少大きくなるだけです。

ロフト角の多いクラブを持っているのですから、しっかりヒットすることさえできれば、ボールはロフトなりに上がります。

落とし場所の距離によって、**番手を替えるだけで打ち方は何も変わらないのがアプローチショット**です。弾道や距離のコントロールは、スイングではなく、クラブの機能に任せましょう。

ピッチ&ラン
POINT ①
転がす場合はロフトを立てて、上げる場合はロフトが多いクラブに替えるだけで打ち方は変わらない
POINT ②
クラブは９番アイアンかピッチングウェッジを使用

Step46

ピッチ&ラン②

両手にヘッドの重みを感じる

ボールの位置がグリーンエッジから離れていて、最初から転がすことができない状況であれば、キャリーを多めにして、グリーンに落としてから転がす「ピッチ&ラン」を選択します。

仮に、ピンまで20ヤードのケースでは「10ヤード上げて、10ヤード転がす」というのがセオリーですが、グリーン上の傾斜やライの状況によって「12ヤード上げて、8ヤード転がす」場合もあります。これらは、打ち方を変えるよりも、やはり単純に番手を替えて打ったほうが、ゴルフは簡単になります。

グリーンのアンジュレーションを確かめ、「どのくらい上げて、どのくらい転がすのか」をイメージできたら、ランニングアプローチと同様に、「落とし場所」に意識を集中してください。手首をコネたり、下半身を動かしたりせず、**両手にヘッドの重みを感じながら一定のリズムでスイング**しましょう。

ロフトの多いウェッジを使用するため、小細工しなくてもボールは自然に上がります。

ピッチ&ラン

POINT

ヘッドの重みを感じることができれば、スイングリズムが一定する

Step47

ピッチショット①

ボールの下にヘッドを通す

ボールとグリーンエッジまでの距離があり、その間にバンカーなどの障害物があり、エッジからピンまでの距離が短い状況では、上げて止める「ピッチショット」の出番です。

ピッチショットは、別名「ロブショット」とも呼ばれ、フワッと上がって、ピタリと止まります。このボールはアマチュアの憧れるボールで、難易度も高いように思われていますが、私は「ピッチ&ランの延長のショット」だと思っています。ボールを上げるだけでしたら、ピッチングウェッジでもアプローチウェッジでもいいのですが、転がりを抑えたいピッチショットでは、いちばんロフトの多いサンドウェッジを使用します。

オープンスタンスをとって、ボールの位置は左足カカト内側の延長線上にセットします。キャリーを多く出すショットですので、スイングの振り幅はピッチ&ランよりも大きくなります。アドレス時の右手の角度をキープしたまま、ヘッドの重みを感じながら、体のターンで打つのはピッチ&ランと同じ。ですが、「**ボールの下にヘッドを通す**」**というイメージで打ち抜いたあとは、腰と肩を一緒にゆっくりターンさせる**のです。

ピッチショット
POINT①
キャリーが多い分だけ、スイングの振り幅は大きくなるが、スイングイメージはピッチ＆ランと同じ
オープンスタンス
POINT②
ボール位置は左カカト内側

Step 48

ピッチショット②

右手でボールを投げるイメージで「距離感」を出す

ピッチショットを打つ場合は、直接カップ付近にボールを落とすので、「キャリーの距離感」のイメージを明確にしなければなりません。私はそれを「**右手のフィーリング**」で出しています。右手で持ったボールを、下手投げで落とし場所に運ぶイメージでスイングします。つまり、見た目の距離感でスイングイメージをつくるのです。

「バックスイングをどれくらい上げ、フォロースルーをどれくらい出すか」などと、頭の中でイメージするのではなく、ピンまでの距離を見ながら、**目から得た情報を頼りに何度か素振りをします。**実際に「右手でボールを下手投げするようにしてみる」のもいいでしょう。

距離感がイメージできないままスイングしてしまうと、バックスイングが大きすぎて、インパクトが緩んだり、ボールを上げようとして手首をコネたりすることで、ダフったり、トップしたりします。アドレスに入る前に素振りでスイングイメージができたら、グリップの力加減や右手首の角度を最後までキープして、しっかりボールをヒットすることです。上げようとしなくても、サンドウェッジのロフトが仕事をしてくれます。

POINT
右手にボールを持って、落とし場所に“下手投げ”で運ぶ感覚で距離感を出す
ピッチショット

Step49

アプローチの注意点

アドレスでの「右手首の角度」をキープする

アプローチショットは、スイングの振り幅が他のショットに比べると小さいため、つい手先でクラブを操作してしまいます。ボールを上げようと、しゃくり上げてしまう、ピン方向に真っ直ぐ打とうとするあまり、フォロースルーも真っ直ぐ出てしまい、両手首の角度が変わり、フェースが正しい位置に戻らなくなる……。

私がアプローチショットでいちばん注意している点は、**アドレスでの「右手首」の角度をキープする**ことです。右手首というのは、フェースの面をスクエアに保つための重要な部分です。右手1本でボールを打ってみると、右手首を固定したスイングが体感できるかと思います。

もうひとつ大事なポイントは、**ボディターンで打つ**ことです。右腰の高さまでテークバックしたとき、クラブは飛球線と平行で、フォロースルーで左腰の高さまで上がったときも平行になります。このようにインサイド・インのスイング軌道で振れば、体のターンと腕の動きも一体となり、確実にボールをヒットすることができます。

POINT②
小さい振り幅のアプローチショットも「ボディターン」を意識する
POINT①
アドレスでの「右手首の角度」を変えない

Step50

アプローチの練習法

左足1本で立って「すくい打ち」を矯正する

小さい振り幅のアプローチショットだけに、正確にボールをヒットすることが「どれだけカップに寄せられるか」の大きなポイントになります。そこで、アプローチの成功率を高めるための効果的な練習法を2つほどレッスンしましょう。

ひとつは、「**インパクトでいつもフェースが一定に入る練習法**」。それは**右手1本だけでボールを打つ**レッスンです。左手は右ヒジに添えて、アドレスの手首の角度のままスイングすると、両手で振るとわからないフェースの入り方が体感できます。右手1本だと速く振ることもできませんから、スイングリズムのとり方も実感できることでしょう。

もうひとつは、「**ダフリ、トップを防止する練習法**」。それらのミスの原因は、ボールを上げようとするすくい打ちにあります。ボールはロフトが上げてくれるもの。そのロフトを生かすには、上からボールを打ち込まなくてはいけません。

そこで「**左足1本**」**で立って打つ**練習をしてみてください。すくい打ちはできなくなるはずです。

POINT

小さい振り幅のアプローチショットのインパクトを安定させるには「片手打ち」「片足打ち」の練習が効果的

Step51

アプローチの距離感

スイング幅は「左右対称」に振る

アプローチショットは、中途半端な距離をスイングの大きさやクラブによってコントロールしなければいけません。その中途半端な距離に対応するには、**「3つの振り幅」で自分なりの距離感を打ち分ける**必要があります。

私のサンドウェッジは「ロフトが58度」ですが、フルショットの距離は「80～85ヤード」、右肩から左肩までのクォーターショットの振り幅で打つと「50ヤード」、右腰から左腰までのハーフショットでは、「30ヤード」です。これが私のアプローチショットの基本の距離になります。これから足し算と引き算をしていくのです。

例えば、70ヤードという中途半端な距離の場合、サンドウェッジでのフルショットのスイングスピードを遅くする、あるいは50ヤードのハーフショットで、少しスイングスピードを速くさせて、70ヤードという中途半端な距離に対応させていくのです。この3つの振り幅にアプローチウェッジやピッチングも加えれば、合計9つの距離がウェッジだけで打ち分けられます。どのショットも共通しているのは、**スイング幅は常に「左右対称」**です。

POINT ①
まずはクォーターショット、ハーフショットで自分の飛距離を確立することが、アプローチ上達のカギとなる
POINT ②
スイング幅は「左右対称」のイメージ

Step52

ラフからのアプローチ

インパクトで力を入れ過ぎず、大きめのスイングで高さを出す

グリーン周りのラフからのアプローチショットでは、ボールにスピンがかからないため、ピタリとグリーン上で止められません。そこで、**スピンの代わりに高さを出して、できるだけ転がりを抑えます。**

まず、素振りを何回かして、ラフの抵抗をあらかじめ掴み、ボールの弾道と芝の抵抗をイメージしてから打ちます。高く上げたいショットを打つのですから、大きめのスイングが必要です。ただし、インパクトで力を入れてはいけません。ラフというのは、ボールの下に空間があるため、ヘッドがボールの下を潜ってしまい、しっかりヒットできず、思ったとおりの距離が出ないからです。

とくにラフからのアプローチは、手先だけで打ってはいけません。ボディターンを意識することで、フェースの芯でボールを捕らえやすくなり、クラブのロフト通り、ボールは高く上げられるのです。ラフからのショットでは、アマチュアゴルファーは、どうしても「腕力で上げよう」という傾向が見られますので注意してください。

POINT ①
ボディターンで振ることで、ボールをフェースの芯で捕らえられ、ロフト通りの高さが出る
RMX
POINT ②
手先だけで打たないこと

Step53

パット①

「両目」と「目標」のラインを平行に合わせる

「パットに型なし」と言われ、パッティングスタイルは様々。自分がイメージしたラインにボールを転がすことさえできれば、本人がいちばんストロークしやすいスタイルでいいのです。しかし、これだけは守らなくてはいけないという「基本」がいくつかあります。

私がパッティングで気をつけているポイントは、**上体の前傾姿勢が深くなり過ぎないように構える**ことです。背中が丸くなるということは、ボールから離れて立ってしまうということです。すると、土台である下半身が不安定になり、ストロークの軌道もブレやすく、ミスヒットが多くなります。これを防止するには、**上体を起こし、両目がボールの真上にくるように前傾姿勢を浅くする。そして、両目を目標ラインと平行に合わせます。**この構えであれば、ボールも目標ラインも見やすく、スムーズにストロークできます。

そして、もうひとつ大切なのは、両手を少し浅めにグリップし、**吊り上げて**「**ハンドアップ気味にする**」ことです。こうすることで、両手首を固定しやすくなり、ストローク軌道がさらに安定します。プロのような「転がりのいいボール」を打つことができますよ。

POINT ①
両目をラインと平行にすると、ボールや目標ラインが見やすくなるので、ストロークがスムーズになる
POINT ②
ハンドアップ気味にすれば、ストローク軌道が安定しやすい
MUSASHI

Step 54

パット②

五角形とパターを一緒に動かす

「ストロークスタイルのパッティング」は、両手首を固定して、パターヘッドをラインと平行に動かす打ち方です。パッティングラインに沿って、真っ直ぐテークバックして、インパクト後も真っ直ぐフォロースルーを出してストロークします。しかし実際には、真っ直ぐストロークしようとしてみても、ストローク軌道が微妙にブレてしまいますので、**体の動きをできるだけ機械的にする**ことが、このパッティングの最大のポイントです。

そのためには、まず**アドレスで両ヒジを軽く曲げて、「両肩」「両ヒジ」「両手」で形成された〝五角形〟をイメージ**してみてください。グリップが五角形の頂点であり、そこからパターが付いているという考えです。ストローク中は、この五角形を崩さないようにキープし、**五角形とパターを一緒に動かす**のです。すると、首の付け根を中心とした肩の動きでストロークしていることが実感できるはずです。

他のゴルフスイングと比較すると、パッティングストロークは小さな動きですが、実はショルダーターンという点では他のショットと同じなのです。五角形をキープさせるためには、両手がひとつになったような一体感が必要になります。私の場合は、左手よりも右手主体になっています。フェードヒッターの私は右手を使う感覚が強いため、パッティングにおいても、そのフィーリングを生かしたほうがストロークしやすく、距離感も出しやすいからです。

もうひとつパッティングの大きなポイントは、**インパクトでボールの芯をフェースの芯でしっかり捕らえ、狙ったラインに打ち出すことができるか**です。そのためにはインパクト以後、パターヘッドを低く真っ直ぐラインに出していくことに意識を集中させなくてはいけません。この「**低く真っ直ぐ**」**を意識する**と、インパクトに集中しますから、パターヘッドの芯に当たりやすくなり、ミスが減少します。ボールとフェースの芯がヒットすると、ラインから外れない〝重くて転がるボール〟になります。皆さんがトーナメント中継などでよく見られる「止まりそうで止まらない」、いわゆる「転がりのいいボール」です。

インパクトからフォロースルーのパターヘッドの動きが、ボールの方向性や転がりを決定するのです。アマチュアゴルファーはテークバックを真っ直ぐ引くことに意識を集中する傾向がありますが、ダウンスイング以降真っ直ぐに出て行くという保証はありません。

「テークバックは、パッティングストロークにあまり関係ない」と、正直私は思っています。

五角形を意識したパット
POINT①
機械的な動きが求められるパットは「両肩」「両ヒジ」「グリップ」そして「パター」を一緒に動かすのがポイント

POINT②
ストローク中はこの“五角形”を崩さないようにキープする
POINT③
インパクト以降、パターヘッドを低く真っ直ぐラインに出していくことに意識を集中する

Step55

パット③

「カップ」ではなく「スパット」を狙う

真っ平らに見えるようなグリーンであっても、そこには微妙なアンジュレーションがあり、大なり小なりの傾斜があります。

「右に曲がるスライスライン」「左に曲がるフックライン」あるいは「右に曲がったあとに左に曲がるようなスネークライン」など、曲がりの度合いも速さも各グリーンで違います。それに「アップヒル（上り）」「ダウンヒル（下り）」が加わります。いずれにしても、自分がイメージしたライン上に仮の目標である**スパットを決めて、そこにボールを通過させる**ことに意識を集中させなくてはいけません。

私はフェードヒッターですから、グリーン上でもスライスラインのほうがストロークしやすいので好きです。通常のショットのように、目標を左に設定して、そこに打ち出す感覚が同じだからです。私はスライスラインでは、ボールを少し左に置いて、右へ押し出さないようにしています。反対にフックラインは、少し右寄りにボールを置いて、左に引っ掛けるミスをしないように注意しています。

POINT
カップまでの距離が近くなるほどカップに意識がいくが、カップではなくスパット上を通過させることに集中する
スパット

Step56

ロングパット

直径2メートルの「大きな円」をイメージする

10メートル以上のロングパットは、プロゴルファーでも、一発で沈めることは困難です。アマチュアゴルファーは、長いパットでも無謀にもカップインを狙って、その結果寄らず、入らずの3パットというパターンでスコアを崩す人が多いようです。

3パットをひとつでも減らすことが、スコアアップのいちばんのポイントかもしれません。そのためにもスタート前の練習グリーンでは、10メートルくらいの距離を念入りに打っておくことです。いつもプレーしているゴルフコースでも、その日の天候や芝の刈り具合で、ボールの転がりは微妙に変わるからです。この距離の練習は、カップインが目的ではなく、タッチを合わせるというテーマでストロークしてください。

実戦ラウンドでは、カップを中心にした「半径1メートル」＝「直径2メートル」の大きな円をイメージします。「直径2メートル内にボールを止めればいい」と考えると、気持ちがだいぶ楽になるはずです。上体を起こして、ボールから円までのラインを見ながら、素振りを繰り返すとストロークの振り幅も決まってきます。

POINT①
直径２メートルの大きな円の中にボールを止めると考えれば、気が楽になって、スムーズにボールが打てる
POINT②
10メートルくらいの距離はスタート前に必ず練習しておこう

Step57

ショートパット

カップインの音は「左耳」で聞く

ファーストパットを直径2メートルの円の中に入れることができたら、次は1メートル以内のショートパットです。この距離を確実に沈めて、常に2パットで抑えることができれば、スコアは飛躍的に縮まります。

アドレスでラインやカップに対して、パターヘッドを真っ直ぐスクエアに合わせやすいように、ボールのすぐ先にスパットを設定し、両目をラインと平行にして構え、スパットの上にボールを通過させることだけに集中します。

ショートパットは、距離が短くなるほど、カップが視野に入るため、本能的に結果が気になり、「ヘッドアップ」してしまいます。それを防止するために、**ラインと平行にした両目の位置をカップインするまで変えないようにし、カップインの音を「左耳」で聞くよ**うにするといいでしょう。ロングパットは方向性より距離感ですが、ショートパットは方向性が命。カップまでの距離に合わせようとすると、インパクトが弱くなり、カップ手前で止まったり、芝目に負けたりします。必ずカップに届かせる気持ちで、少し強めに打つことです。

POINT ①
「左耳」でカップインの音を聞くように意識すると、ヘッドアップが防止できる
POINT ②
ラインと平行にした「両目の位置」をカップインするまで変えない

レベル5

〝実践〟においても覚える順番がある

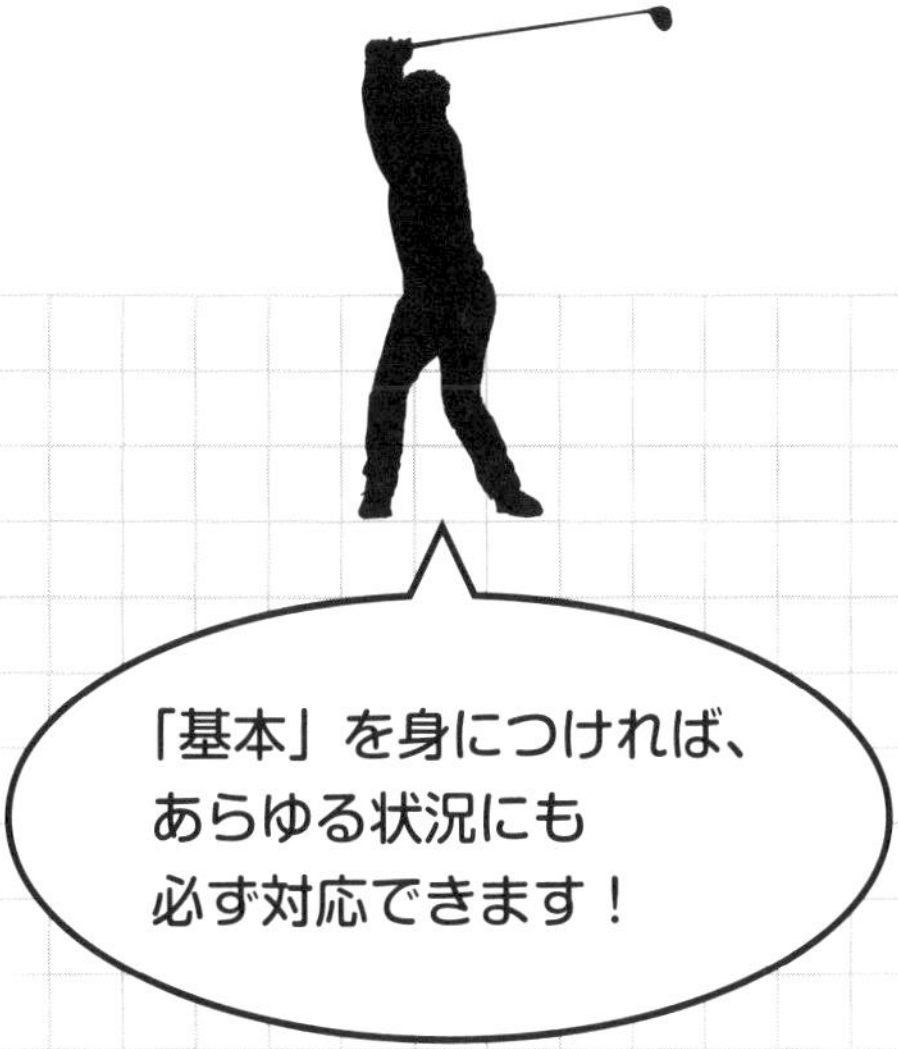
「基本」を身につければ、
あらゆる状況にも
必ず対応できます！

Step58

ティアップ

ティグラウンドでは、まず平らで「足場のよい場所」を探そう

多くのアマチュアゴルファーは、漠然と「ティアップ」していますが、ティグラウンドはゴルフコース内で、**唯一打つ場所をゴルファーが選べるエリア**です。ティグラウンドを平らな場所と思っている人も多いようですが、よく見ると結構微妙な傾斜があります。2つのティマーカーも、フェアウェイのセンターを向いているわけではありません。実際に、これに惑わされ、ミスショットとなることもかなりあるのです。

ティグラウンドに上がったら、まずスタンスがしっくりくる**平らで足場がよく、自分の球筋が生かせる場所**を探します。とくに、アイアンを使うパー3ホールでは、「ディボット跡」がたくさんあるので、できるだけライがよくて、足場が滑らない場所を選びましょう。

私はフェードヒッターですので、大抵ティグラウンドの右サイドにティアップしています。そして、フェアウェイの左サイドか左ラフを狙っていきます。つまり、フェアウェイの対角線を使っているのです。実際にティグラウンドの右端と左端に立ってみると、心理的なプレッシャーの度合いが違うことがわかります。

POINT

スライサーは「右端」、フッカーは「左端」にティアップして、対角線なりに打つことでフェアウェイを広く使える

Step59

狙い場所

色気はNG！危険ゾーンの反対側へ、狙いは徹底する

スライサーは、右サイドがOBゾーンのホールでは嫌な気持ちでティグラウンドに立つことでしょう。反対にフッカーは、左サイドが危険地帯のホールは気持ち悪いでしょう。

しかし、前項でレッスンしたように、スライサーなら右端にティアップして、左のラフ辺りを狙えば、安心感を持ってアドレスに入れます。ここから仮に30〜40ヤードも大きく右に曲がるスライスボールが出ても、右の危険ゾーンまでいくことはありません。仮に真っ直ぐナイスショットが出ても左のラフです。

スライサーにとって、左サイドが危険ゾーンのホールというのは、心理的なプレッシャーはないでしょう。ただし、ボールに合わせにいくと手首をコネてしまい、フェースが被り、引っ掛けフックが出てしまいますので注意しましょう。

また、左ラフに狙いを定めているのにもかかわらず、**色気を出してフェアウェイセンターに意識がいくと、**・・・・**ボールを押し出してしまい、**「**右の危険エリアに一直線**」という結果になりますので、狙いは徹底することです。

POINT

持ち球がスライス系ならば、左のラフに狙いを定め、絶対に「右の危険エリア」まで飛ばないようにする

Step60

打ち上げ・打ち下ろし

「打ち下ろし」「打ち上げ」のホールは目線に注意する

山岳コースには、「打ち下ろし」「打ち上げ」のホールがいくつかあります。

打ち下ろしのホールは、フェードヒッターには打ちやすいホールです。まず、目線が低くなるので、フェード打ちの構えがしやすいからです。また、ボールの滞空時間が長くなるため、飛距離も普段より伸びますから力みません。

注意したいのは、**目線を低くとり過ぎない**こと。左肩が下がり、左に体重がかかり過ぎると、上から鋭角的にボールを叩いたり、ひどいカット打ちになってしまうからです。

反対に、打ち上げのホールは、滞空時間が短く、ボールの落下地点も上り傾斜であることから、キャリーも、ランも出ません。「高いボールを打って、少しでも飛距離を伸ばしたい」と思うと、目線が自然に高くなって、右足体重になります。高い弾道で攻めることはいいのですが、すくい打ちになって、「ダフリ」「トップ」「テンプラ」などのミスショットにつながりやすくなります。安全に打っていきたいのなら、**目線を上げ過ぎず**に、通常の目線のまま「ティグラウンドの地面と平行」にすることです。

POINT

「打ち下ろし」も「打ち上げ」も、目線を平らなホールのように平行にするとミスショットは出にくい

Step61

フェアウェイバンカー

フェアウェイバンカーからは体重移動を使わずに振る

フェアウェイバンカーに入れてしまった場合、いちばんやってはいけないミスは「ダフリ」です。ヘッドがボールの手前に入ると、振り抜くことができずに、飛距離を大きくロスするだけでなく、最悪の場合、もう一度同じバンカーから打たなくてはいけません。

この絶対にやってはいけないダフリを防ぎ、クリーンにボールをヒットするには、**通常よりもボールを右寄り**に置きます。体重配分は「左右均等」か、「左足6、右足4」のやや左足寄りにかけてアドレスします。グリップは通常と同じで左の太モモの前にすると、自然にハンドファーストの構えになり、自動的に上から叩くことができます。しかし、意識して上から打ち込んでしまうと、ダウンスイングで頭が下がり、ダフってしまいます。

不安定な砂の上でのスタンスですから、大振りは禁物です。**左足を軸とイメージして、体重移動を使わずに、「コンパクトなスイング」を心がけましょう。**フェアウェイバンカーに入れたら、ティショットのミスを取り返そうと、つい強引にグリーンを狙ってしまいますが、**飛距離を欲張らない**ことが、このショットの成否のポイントです。

POINT

飛距離を欲張ると、大振りになりミスが起こりやすいので、「コンパクトなスイング」を心がける

Step62

ガードバンカー

「30ヤード以上」のバンカーショットはアプローチウェッジを使う

サンドウェッジでエクスプロージョンショットを打てる距離は、大体30ヤードが限界です。グリーンの幅は一般的に30～40ヤードですから、大抵のガードバンカーからのショットは、サンドウェッジが使えます。ところが、サブグリーンのバンカーなどに入れてしまうと、ピンまで40～50ヤードの距離が残ってしまうことがあります。

こんなとき、アマチュアは「クリーンにボールをヒットする」という人が多いようですが、砂の上からコントロールショットで**ボールだけをクリーンに打つというのは、非常に難易度が高い**のです。

私はもっとロフトの立ったクラブで、サンドウェッジとエクスプロージョンショットで対応します。例えば、アプローチウェッジです。もし、バッグに入っていなければ、ピッチングウェッジでもOKです。当然、ロフトが立っている分、簡単に距離が出ます。スイングは、サンドウェッジと同じです。コントロールショットでボールだけヒットする打ち方よりも数段簡単なショットです！

POINT

アプローチウェッジを持っても、打ち方はサンドウェッジでのエクスプロージョンショットと同じ

〜30ヤード → SW

40〜50ヤード → AW

Step 63

ラフ①

「スライスボールを打つ」イメージで打つ

クラブもスムーズに振り抜ける比較的浅めのラフからのショットで、「ボールが山なりに飛んでいき、グリーンに直接落下したにもかかわらず、ボールは転がって大オーバー」という経験をしたことのある人も多いはず。これはインパクトでフェースとボールの間に芝が絡み、バックスピンがかからないために起こる「フライヤー」という現象です。

グリーンが狙えるようなラフでは、ミドルアイアン以下のクラブを選択して、確実にヒットすることが賢明ですが、このフライヤーも警戒しなくてはいけません。

その点、フェードヒッターならスライスを打つイメージさえ持っていれば、ボールを上から打ち込みやすく、ラフの抵抗は軽減しますし、フライヤーも抑えることができます。

グリーンを絶対にオーバーしないように**番手を下げて、手首を使わずにボディターンで打つ**のです。ボールがラフに浮いた状態ならば、ティアップされたときと同じなので、比較的簡単にボールはヒットできます。この場合はどんな番手も使えるので、残り距離に応じたクラブで打てます。「上から打ち込む」という点は同じです。

POINT
ラフにボールが沈んでいたら、「スライスボールを打つ」ような意識でしっかりダウンブローに打ち込む
弾道イメージ

Step64

ラフ②

ボールの「浮き」「沈み」によってフォロースルーの高さを変える

グリーン周りのラフからのアプローチショットでは、**ライの見極めが大切**です。なぜなら、「ボールが浮いているのか」「沈んでいるのか」によってスイングが変わってくるからです。

ボールがラフに深く沈んでいる場合は、ボールとフェースの間に芝が挟まりますので、当然抵抗を受けます。逆目ならばさらに抵抗は強くなります。まず、ボールの近くで素振りをして芝の抵抗力を確認します。抵抗が強いほど、ヘッドスピードを上げないとボールは飛びません。「ボールを上げよう」とすくい打ちをしがちですが、ボール手前の芝を打つことになり、抵抗がさらに強くなってしまいます。サンドウェッジのフェースを開き、**ボールの手前にヘッドを落とすイメージで、フォロースルーを低く**出していきます。ラフからはスピンがかからず止まらないので、高さでボールを止めるのです。

ボールが芝の上に浮いている場合は、**ボールを上から叩かず、レベルで振る**ことを意識します。距離感はフォロースルーの高さでコントロールします。距離を出したいときはフォロースルーを高く、距離を抑えたいときはフォロースルーを低くしてください。

POINT②
深く沈んでいたらフォロースルーは「低く」、浮いていたらフォロースルーを「高く」する
POINT①
ボールがラフに沈んでいるのか、芝の上に浮いているのかによってフォロースルーの高さを変える

Step 65

ディボット跡

「ディボット跡」からはボールを右に置くだけでOK！

ナイスショットを放ったものの、ボールは芝が削られた跡に目土がしてある「ディボット跡」の中……。気持ちは暗くなって、なんとなく上手く打てそうにないネガティブな気持ちになりますが、アマチュアの皆さんが考えるほど難しいショットではありません。

アドレスで**通常よりもボールを少し右足寄りに置くだけ**で、あとは普通に打てばいいのです。ヘッドよりもグリップが目標側に出たハンドファーストの構えになりますので、**小細工をしなくても、自然に上からボールをヒットできます。**

そして、フォロースルーは意識せず、「インパクトでスイングは終わり」というイメージで打つのです。ピンまで遠い状況でも、ロフトの立った長いクラブは避けて、できることなら「7番アイアンよりも短いクラブ」でグリーン手前に運ぶつもりで打つようにしましょう。

ディボット跡からのショットというのは、トラブルショットなのですから、ベストな結果を求めず、確実に脱出することを第一に考えましょう。

POINT

「ディボット跡」からは、ボールを少し右に置いてハンドファーストの構えをつくるだけで上から打ち込める

Step66

左足下がり①

「左足下がり」は両肩を斜面と平行にする

傾斜地からのショットは、「左足下がり」「つま先下がり」「左足上がり」「つま先上がり」の4つの状況に大別できます。アマチュアゴルファーが、その4つの傾斜地の中で、最も苦手にしているのが、**ボールが上がりにくい「左足下がり」**ではないでしょうか。このライでは、右足が左足より高い位置にあるので、バックスイングはクラブを立てるように上げなくてはいけません。低くテークバックすることはできず、**高いトップから低いフォロースルー**をしなければいけないのです。

まず、両肩が斜面と平行になるようにアドレスします。自然に立てば体重は低い位置にある左足にかかります。ボールの位置は通常よりも右足寄りにセット。右ヒザを深く曲げて両肩を地面に対して平行にすると、ボールを打ち込めずにダフってしまいますので注意しましょう。この左足下がりという状況は、バランスを崩しやすいので、**アドレス時の左足体重をキープしたままスイングする意識が大切**です。ボールは上がり難いライですので、左足に重心を意識し、低いボールを打つつもりでコンパクトに確実にヒットさせましょう。

左足下がり
POINT ①
アドレス時の「左足体重」のままコンパクトなスイングで上から打ち込む
POINT ②
最後まで下半身を安定させる

Step67

左足下がり②

大きめのバックスイングで、ヘッドを低く出し、ボールを上げる

左足下がりのライから「砲台グリーンに打ち上げる」アプローチショットも、ボールを上げにくい状況ですので、アマチュアにとって難易度の高いショットでしょう。

まずはこのような状況での安全策を伝授します。ひとつは、ロフトの立った**9番アイアンでボールを低めに出して、手前にワンクッションさせ、ボールを寄せる方法**です。グリーン手前の芝の抵抗に負けないように、強めのボールを打ちたいので、ボールを右に置き、左足体重で、ボールをグリーン手前の傾斜にぶつけます。ぶつける衝撃度で転がる距離が決まりますので、力加減が難しいのですが、乗せるだけならこの打ち方がやさしいはずです。

もうひとつは、ロフトのある**サンドウェッジで「上げて」寄せる方法**です。傾斜に逆らわずに地面と平行に立って左足体重で構え、ボールの位置はスタンスの真ん中にします。フェースを大きく開いて、ボールが右に飛び出さないと思えるほど、スタンスをオープンにします。ボールを上げて距離を出すのですから、大きめのバックスイングでフォロースルーは傾斜に沿ってヘッドを低く出していきます。

左足下がり
POINT ①
ボールが上げにくいライからは、「低く手前にワンクッション」という方法と、「難易度の高いロブショット」という方法がある
POINT ②
フォロースルーは傾斜に沿ってクラブを低く出す
POINT ③
「オープンスタンス」に構える
目標方向

Step68

左足上がり

「左足上がり」はコンパクトに振る

「左足上がり」のライはボールが自然に上がりやすいイメージがあり、アマチュアゴルファーでもあまり苦手意識がないようです。しかし、右足より左足のほうが高くなっているのですから、上からヒットするとインパクトで詰まってしまい、フォロースルーがとれずにダフってしまいます。ですから、アドレスでは右足に体重がかかるように自然に立って、両肩を傾斜に合わせて平行に構えます。ボールはやや右の位置に置きます。

傾斜地からのショットは、下半身をできるだけ固定して、体重移動を抑えてスイングしますので、どの状況でも「ボールを右足寄りに置く」ことが基本です。**傾斜の度合いが強くなるほど、ボールを右にセットする**ことを覚えておいてください。

このライからのスイングは、右足体重で低いトップから高いフォロースルーに振り抜くと、斜面に沿ったスイング軌道になり、ボールを捕らえやすくなります。ボールを下からカチ上げるように打てばいいのですが、ここでも大振りは禁物です。最後まで下半身を安定させて、スイングの軸をキープできるようにコンパクトなスイングを心がけることです。

左足上がり

POINT ①

フィニッシュでバランス良く立っていられるように、右足体重でコンパクトなスイングをする

POINT ②

最後まで下半身を安定させる

Step69

つま先下がり

「つま先下がり」は両ヒザの高さを変えない

スタンスよりもボールが低い位置にある**「つま先下がり」は、4つの傾斜地の中で、最もバランスを崩しやすいライ**です。アドレスではいつもよりボールの近くに立つようになるので、自然に前傾姿勢は深くなります。体重は自然につま先にかかりますが、カカト側に体重をかけて、足の裏全体を地面に吸い付けるようにして、下半身を安定させます。さらにスタンスを少し広げて腰を落とせば安定度が増して、バランスが崩れにくくなります。ボールの位置はやはり少し右に置きます。

ボールが低い位置にあるので、スイングはアップライトになります。左足下がりのライと同様に、クラブを縦に上げ、低いフォロースルーへ振り抜くフェード打ちの要領で打ちます。ただし、上から打ち込む意識が強すぎると、ダウンスイングで上体が前に倒れやすくミスを招いてしまいます。距離を出そうと欲張らず、下半身を固定してコンパクトなスイングで確実にヒットすることがポイントです。そのカギになるのが、**両ヒザの高さを最後まで変えずに、頭の高さも一定にしてスイングする**ことです。

つま先下がり
POINT
「両ヒザの高さを変えない」ようにスイングすれば、バランスは崩れにくくなる

Step 70

つま先上がり

「つま先上がり」は目標を右寄りに設定する

スタンスよりもボールの位置が高くなった「つま先上がり」のライも、左足上がりのライと同様にクラブを立てて上から打ち込めません。ボールの位置が高い分、ボールから少し離れて立ち、上体を起こし気味にしてアドレスし、フラットなスイング軌道で打つことがポイントです。このライは、インパクトからフォロースルーにかけて、**ヘッドが返りやすく、ボールがフックしやすい**のが特徴です。番手が短くなり、ロフトの多いクラブになるほど左に引っ掛けやすくなるので、**目標を右寄りに設定**しましょう。

ボールの位置はもちろん右足寄りに置いて、コンパクトなスイングをする点は同じです。飛距離を欲張ると、インパクトでさらにフェースが返って大きくフックしてしまいますので、両手は使わない意識で、体の回転でボールを捕らえるように打ちます。上手く打てたとしても、フック系の球筋ですから予想以上のランが出て、グリーンオーバーすることもありますので、1番手手短いクラブを選択するのもポイントです。どんな傾斜地からも、**傾斜に逆らわずに「コンパクトなスイング」で確実に打つ**ことが共通項です。

つま先上がり
POINT ①
フックしやすいので、「右」に狙い定めて、フラットなスイング軌道でボールを払い打つイメージで打つ
POINT ②
手を使わない意識を持ち、体の回転でボールを捕える

Step 71

風の読み方

「打つ場所」よりも「ボールの落ち際」の風をチェックする

ゴルフコース内に吹く風は、ゴルファーを迷わせる厄介なものです。しっかり風の状況を把握し、正しいクラブ選択をしなくてはいけません。ショットを打つ場所とピンフラッグが同じ方向の風であれば問題はありませんが、打つ場所がフォローの風、ピンフラッグがアゲンストの風に吹かれているというホールもあります。このような場合は、ボールの勢いがなくなり、**風の影響を受けやすい「落ち際のグリーン付近の風」を参考**にします。

しかし、林に囲まれたホールは風が回っていることも多く、一概にピンフラッグのなびく方向に風が吹いているとは限りません。このように風の判断に迷いが生じたら、空を見上げてみましょう。**雲があれば、雲の流れで判断できます。**雲がなければ、そのホールでいちばん高い場所に吹いている風をチェックします。例えば、**ホールのいちばん高い木の揺れ方をチェック**するのです。その木とピンフラッグの揺れが同じ方向であれば、フラッグの風向きが正しいでしょう。しかし、木とフラッグの風向きが違う場合は、グリーンが周囲の丘や林に囲まれているため、風が回っています。

POINT

「打つ場所」よりも、ボールの勢いがなくなり風の影響を受けやすい「落ち際」の風の情報を優先させる

Step 72

風の利用法

風に逆らわず、「風に乗せるショット」を打つ

強風が吹き荒れる中でのプレーは、スコアメイクがしにくくなります。「曲がり具合」や「距離感」に迷いが生じ、クラブチョイスなどのジャッジが、穏やかな日と比べると格段に難しいからです。そのような状況でも、できるだけいつものようなスイングとリズムでプレーすることがいちばん大事なこと。「風に負けないような強いボールを打ってやる」などと思えば、力みも生じます。スイングリズムも乱れ、大きくスコアも乱してしまうでしょう。私は「**風とは喧嘩せず、風を利用する**」という考えでプレーしています。

とくに力みやすいのはアゲンストですが、**打ち急がずにフィニッシュまでリズムよく振り切る**ことを心がけましょう。フォローの風は曲がりを気にしないで打てますが、「飛距離を稼ごう」と欲を出すとミスになります。横風は風向きを利用します。風と喧嘩しても絶対に勝てません。私の場合、フェード打ちですので、左から吹く風に対しては順風になり、キャリーが伸びて曲がりが大きくなるので、いつもより左を狙います。右からの風は逆風になり、ほとんど曲がらないので、少し右を狙って打ちます。

POINT

「風向き」や「風の強さ」を考慮して、できるだけいつもスイングイメージで打つことが大事

Step 73

強風

強風下では「パンチショット」で対応する

グリーンを捕らえたい状況だとしても、風が強く、「ボールがどこへ飛んでいってしまうのか、予測がつきにくい」場面もあります。ロフトが立っている長いクラブほど弾道は低くなりますので、風の影響は比較的少ないのですが、ロフトが多くボールが上がりやすいミドルアイアン以下の番手になると、残り距離のジャッジやクラブ選択に神経を使います。グリーン周りに厄介なガードバンカーなどがあるホールでは、なんとかピンの手前や花道にボールを運びたいところ。そのようなとき、私はコンパクトなスイングで、フォロースルーを低く止める「**パンチショット**」**で低いボールを打つ**ことがあります。

「パンチショットは難しい高度なショット」と思っている人も多いようですが、アドレスで通常のボールの位置よりもボール1〜2個分右に置くだけで、あとは普段のショットとほとんど同じです。トップを少し抑えて、ボールを上から打ち込みます。フォロースルーは低く抑えます。気持ち的には**インパクトでスイングは終わり**です。インパクトが強すぎると、思いとは逆にバックスピンがかかって、ボールが高く上がってしまいます。

パンチショット
POINT ①
力まずコンパクトに振れば、風の影響を受けない「低弾道」のボールが出る
POINT ②
ボール位置は１～２個分「右」に置く

Step 74

クラブ選択

「ナイスショット」を期待せず、大きめな番手で余裕を持って打つ

ピンを狙ったり、グリーンに乗せたいアイアンショットでは、方向性だけでなく、正確な距離感も求められます。そこでカギとなるのが、その状況に合ったクラブチョイスです。

グリーンの幅は、小さいもので約30ヤード。仮に、ピンまで150ヤードというケースでは、150ヤードの距離が出る番手を選ぶことでしょう。7番アイアンのナイスショットを打てば150ヤードという人であれば、当然7番を選ぶはずです。しかし、その最高のショットが出る確率はどれくらいあるでしょうか？ ビギナーや普段100前後のスコアでラウンドしているアベレージゴルファーでは、おそらく「10回に1回」そのショットが出るかどうかだと思います。残りの9割の結果を考えると、**結果的に「小さめのクラブを選んだ」ことになる**のです。

「最高のショットを打たなければ、ピンまで届かない」というプレッシャーの中で、どんなショットが出るかは明白です。見栄を張らずに「十分届く」という安心感を持てる、1番手大きい6番アイアンでゆったり打つほうが結果はいいはずです。

POINT

余裕のあるクラブで安心感を持って、リズムよくスイングしたほうが好結果につながる

Step 75

ドッグレッグ

ドッグレッグのホールは「持ち球」で狙いを変える

皆さんが普段プレーしているゴルフコースにも、左右にドッグレッグしているホールがあることでしょう。このようなホールは、ショートカットを誘惑するような設計になっていることが多いのですが、そのコーナーには「林」や「池」というような危険が潜んでいます。私のようにフェードボールが持ち球であれば、右ドッグレッグのホールは安心感を持って思い切って打っていけます。しかし、反対の左ドッグレッグのホールでは、球筋とホールがマッチしないため、どうしても打ちにくさを感じてしまいます。その場合は遠回りになりますが、コーナーの反対側を狙います。セカンドショットの距離が多少残ってしまいますが、安全なルートに打っていったほうが大怪我はしません。

積極的に攻めるにしろ、安全策でいくにしろ、**自分の持ち球と飛距離を考慮して、目標を決めることが大事**です。ドッグレッグのホールは、**飛距離が出過ぎて林の中に打ち込んでしまう**ことも多々あります。ときには「コーナーを避ける」、ときには「コーナーを狙う」というのが、ドッグレッグのホールなのです。

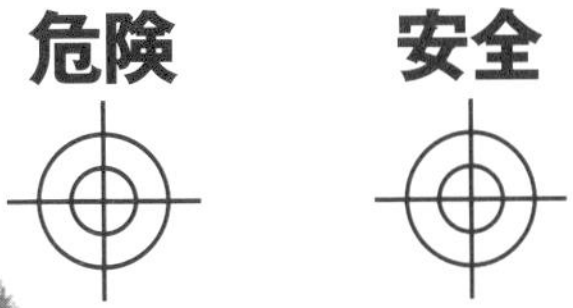

POINT

積極的に攻めるか、安全ルートでいくかは、自分の持ち球と飛距離を合わせて目標を決める

Step 76

目玉

「目玉」になってしまったら、フェースの開き加減で対処する

ショートアイアンで高く舞い上がったボールがバンカーに直接入ると、ボールが砂に埋もれた、いわゆる「目玉」状態になることがよくあります。目玉は、ゴルフのトラブルショットの中でもかなり難しいショットです。

ここでは、とりあえずその状況から脱出するテクニックをレッスンしましょう。

まず、それほど砂に深く埋もれていない場合は、比較的やさしいショットです。通常のエクスプロージョンショットのようにサンドウェッジのフェースを開き、オープンスタンスで構えます。バンスも使えますので、普通のバンカーショットと変わりません。砂の抵抗が大きいので、インパクトを強めにし、確実にグリーンに乗せることを優先させます。ただ、ボールにはスピンがまったくかかりませんので、グリーンに落ちてからよく転がります。

ボールが深く埋もれている場合は、フェースを開くと、バンスが邪魔をしてヘッドが深く砂に入っていきません。そこで**ボールを少し右に置き、フェースを被せて構えます。**そうすることで、リーディングエッジからヘッドが砂に入り、深くボールの下まで届くのです。

POINT

浅い目玉は、フェースを開く。半分以上埋もれていたら、フェースを被せて打つ

Step 77

パー3の攻略法

正しい「クラブ選択」と「目線」で、バーディを狙おう！

アマチュアゴルファーが、最も「パー」あるいは「バーディ」を取れるのはパー3のホールではないでしょうか。そこで**1オンさせるにはクラブ選択が重要**です。とくに打ち下ろしや打ち上げホールでは慎重にクラブを選ばなくてはいけません。打ち下ろしはボールの滞空時間が長くなるため、飛び過ぎてグリーンオーバー、打ち上げはその反対でボールが早く落下してショートしやすくなります。

フラットなホールで、7番アイアンで打つ距離ならば、打ち下ろしではティグラウンドとグリーンの高低差を考慮して8番か9番を選びます。とくにグリーンオーバーすると、アプローチが難しいホールが多いので、ピンの手前か花道に運ぶ意識で打つことです。

打ち上げでは、6番や5番アイアンなどの大きめな番手を持ちます。手前にバンカーや池があるホールでは、グリーンに確実に届く余裕のある番手で打ちましょう。また、目線が高くなったり、低くなりがちですので、**フラットなホールのような「目線」で、アドレスすることも忘れない**でください。

POINT
高低差を考慮してクラブを選び、いつもと変わらないアドレスとリズムを心がける

あとがき

ゴルフの楽しみ方は人それぞれ違います。「誰よりも遠くに飛ばすことにロマンを感じる」人もいれば、「常にスコアアップを目標にプレーする」人もいます。「友人たちと楽しくラウンドすることがいちばんの喜び」と思っている人もいることでしょう。

どんな楽しみ方をしている人でも、ゴルフ当日となれば、期待と不安でスタートホールに立ちます。しかし、ほとんどのゴルファーは後悔と反省で18ホールを終えることでしょう。仮にどんなにいいスコアを出しても、「ミスショットがゼロ」だった日は、プロゴルファーの私でさえありません。それでも「ゴルフなんてもうやめてしまおう」と思う人はあまりいません。それどころか、「次のラウンドが待ち遠しい」というのが大半のゴルファーです。ゴルフがこれだけ人を夢中にさせるのは、いくらゴルフコースに跳ね返されても、またチャレンジしたくなる気持ちが誰にも湧いてくるからです。

どんな楽しみ方をしているゴルファーでも、どんなレベルのゴルファーでも、**すべてのゴルファーに共通しているのは、「もっと上達したい」という欲望です。**練習環境もラウンドの数も個人差がありますので、上達のスピードも違いますが、ただ漠然と我流でボールを打ちまくっているだけでは上手くならないのがゴルフです。

ゴルフには上手くなる「順番」があります。そのプロセスは、プロも、シングルも、アベレージゴルファーも変わりはありません。そしてまず、**徹底的に「基本」と呼ばれるものを身につけなければいけません。**それらをマスターしてから次のステップに進む。その繰り返しです。例えば、ランニングアプローチの基本を知らない人に、いきなりロブショットはできないということです。しかし、実際にはこのようなゴルファーも現実にはいます。ゴルフの上達に近道はないのです。

賞金王になったことで、私にテレビや雑誌、そしてこのような単行本でのレッスン依頼が殺到するようになりました。とくに、中高年のゴルファーからの注目度が高くなっていることも肌で感じています。若い頃に比べると、飛距離も体力も落ちていく皆さんが昔のようにプレーしたいという気持ちも理解できます。そんな人たちの声に応えるために本書を執筆しました。

本書が少しでも、あなたの「上達」につながってもらえたら幸いです。

藤田寛之

■著者略歴
藤田寛之（ふじた・ひろゆき）

1969年生まれ。福岡県福岡市出身。高校1年からゴルフを始め、香椎高校3年の時、日本ジュニア選手権で4位に入る（優勝は丸山茂樹）。専修大学時代にプロ転向を表明。大学時代は丸山らの陰に隠れた存在で、プロ入り当初も注目度は高くなかった。しかしプロ入りから5年目、サントリーオープン（1997年）でジャンボ尾崎の猛追をかわして初優勝してからトッププロへとステップアップしていった。体も小柄（168㎝、70㎏）ながらアプローチ、パットなど精緻な小技でゴルフを組み立て、2001年から11年連続で年間獲得賞金が5000万円を超え、賞金ランクも12年連続で25位以内と安定した強さを誇っている。しかも年を重ねるごとに懸案だったドライバーの飛距離も伸びている「アラフォーの星」。2012年は賞金王を獲得。ツアー16勝。葛城ゴルフ倶楽部所属。

ゴルフには上手《うま》くなる「順番」がある
賞金王直伝！〝シングル〟へのステップ77

二〇一四年 六 月二十五日 初版第一刷発行
二〇一四年十二月二十五日 初版第四刷発行

著者 藤田寛之
発行者 栗原武夫
発行所 KKベストセラーズ
東京都豊島区南大塚二丁目二九番七号 〒170-8457
電話 03-5976-9121 http://www.kk-bestsellers.com/
印刷所 錦明印刷株式会社
製本所 ナショナル製本協同組合
DTP 白井秀樹

■スタッフ
構成／坂本静児
撮影／富士渓和春
協力／芹沢インターナショナル
撮影協力／三井住友VISA太平洋マスターズ
装丁・本文デザイン／石垣和美（菊池企画）
企画プロデュース・編集／菊池 真

ISBN 978-4-584-13580-8 C0075